Andrea Bierwolf

Fermentistas Kochbuch

Entdecken Sie mehr mit der
FREYA-BÜCHER-APP!

INTERAKTIVES LESEVERGNÜGEN MIT DER FREYA-BÜCHER-APP!
Ab sofort können Sie unsere Bücher mit der kostenlosen App interaktiv entdecken. Videos, Zusatzinhalte und mehr Informationen aus den Freya Büchern steigern Ihr Lesevergnügen und bieten Ihnen faszinierende Einblicke.

So einfach geht's:

1. Laden Sie die kostenlose Freya-Bücher-App im Google Play Store oder im Apple App Store auf Ihr Smartphone oder Ihr Tablet.
2. Wählen Sie Ihr Buch aus der Liste in der Freya-Bücher-App aus und drücken Sie auf *Bild scannen*. Automatisch wird Ihre Kamera aktiviert.
3. Halten Sie Ihr Smartphone oder Ihr Tablet jeweils über die Bilder in Ihrem Buch, die mit einem kleinen Handysymbol versehen sind.
4. Dann öffnen sich die zusätzlichen interaktiven Elemente von selbst. Schon haben Sie Zugang zu weiteren Informationen und Videos aus dem Buch.

Bilder mit diesem Symbol scannen

Hinweise:
Sollten die Bilder von der App nicht erkannt werden, stellen Sie bitte sicher, dass das Buch ausreichend beleuchtet ist, und verringern Sie gegebenenfalls den Abstand zur Kamera. Ihr elektronisches Gerät muss mit dem Internet verbunden sein.

ISBN 978-3-99025-461-5

Layout:_freya_art, Mag. Regina Raml-Moldovan
Lektorat: Mag. Dorothea Forster
Fotos: Vesela Vladimirova, Antje Wolm S. 18, 22–23, Innenklappen, Armin Kräutler S. 291, © AdobeStock Yulia Furman S. 251

printed by GPS-Group

READ GLOBAL BUY LOCAL

FSC www.fsc.org MIX Papier | Fördert gute Waldnutzung FSC® C118234

Anmerkung: Die Ratschläge und Rezepte in diesem Buch wurden von der Autorin sorgfältig erwogen und geprüft, dennoch kann eine Erfolgsgarantie bei den empfohlenen Anwendungen und Rezepten nicht gegeben werden. Eine Haftung der Autorin bzw. deren Beauftragter für Personen-, Tier-, Sach- oder Vermögensschäden wird nicht übernommen.

Fermentistas Kochbuch

Andrea Bierwolf

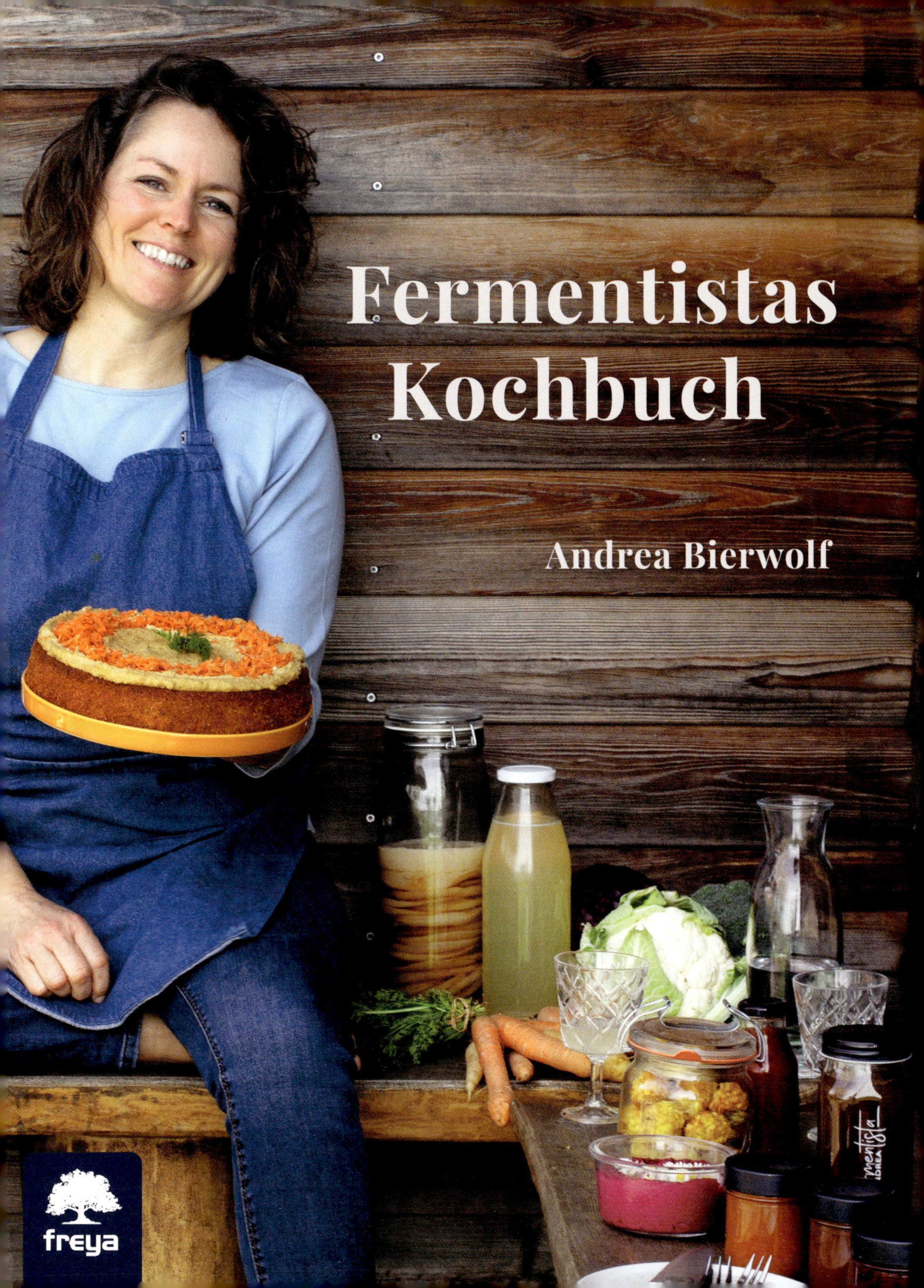

freya

Inhaltsverzeichnis

Danke! **12**

Vorwort **14**

Einleitung **16**

Ein paar Worte zum Abschluss **294**

Die Vorratskammer 19

Sauerkraut 22
Fermentiertes Wurzelgemüse 24
Fermentiertes Blattgrün 26

Kimchi 28
Was ist Kimchi? 28
Gochugaru 29

Chinakohl-Kimchi 32
Rettich-Kimchi 35
Gurken-Kimchi 38
Knoblauchpaste 44
Salzzitronen-Paste 46
Currypaste 48
Zucchini-Relish 50

Was ist Kimjang?

Getreide, Nüsse, Samen und Hülsenfrüchte fermentieren 54
Fermentierte Walnüsse 58
Fermentiertes Tomatenketchup 60
Tomatenketchup mit Kombucha 64
Rauchig süß-saure Tomatensauce 66
Sojafrischcreme 68
Kombucha-Marmelade 69
Powidl 72
Pesto 74
Dukkah-Gewürz 76

Die Geschic
des Ketch

Die Geschichte des Po

Verwendungsmöglichkeiten von saurem Kombucha 79

Salat-Dressing *81*
Fermentierte Mango-Creme *82*
Fermentiertes Apfelmus *84*
Kombucha-Chutney *86*
Kombucha-Rosinen *88*

Reinigung in der Küche 90
Einweichen von Getreide, Nüsse, Samen und Hülsenfrüchten 90
„Trinkwasseraufwertung“ 91
„Sprossenbad“ 92
Ansatzflüssigkeit 93
Würzen 94
Äpfel „säuern“ 94
Haarspülung 95

Verwendungsmöglichkeiten von fermentierter Lake 97

Crackers 98
Aufstriche 99
Würzen 99
Einweichen von Getreide, Nüssen, Samen und Hülsenfrüchten 100
Kochen von Hülsenfrüchten 100
Couscous 101
Nudeln 101

Basisteige, Crackers und Brote 103

Einfaches Roggenvollkorn-Sauerteigbrot 104
Schnelle Sauerteig-Überschuss-Brötchen 110
Vollkorn-Sauerteig-Brötchen 112
Vollkorn-Pizzateig ohne Hefe 114
Burger-Brötchen ohne Hefe 118
Strudelteig 120
Würzige Rohkostcrackers 122
Fermentierte Buchweizencrackers . 124
Kombucha-Brötchen ohne Gluten ... 126
Fermentierte Hafer-Amaranth-Brötchen 128

Frühstücksideen mit Fermentiertem 131

Rohes Buchweizen-Porridge 132
Rohes Mango-Karotten-Porridge 134
Joghurt-Topfen-Creme mit Braunhirse 136
Chia-Joghurt mit Kombucha-Marmelade 138
Kurkuma-Kokos-Porridge mit fermentierten Karotten 140
Gebackene Haferflocken mit Himbeeren und Schokolade 142
Palatschinken aus aktiviertem Buchweizen 144

Snacks, Aufstriche und Salate 147

Soja-Tsatsiki 148
Lakefrischcreme 150
Fermentierter Sonnenblumenkernaufstrich 152
Kürbisaufstrich 154
Gelbe-Linsen-Bällchen 156
Tomaten-Linsen-Aufstrich 158
Erfrischende grüne Erbsen-Minze-Creme 160
Kartoffelaufstrich 162
Knusprige Linsen 164
„Doppldecka" 166
Pikanter French Toast 168
Linsen-„Tofu" 170
Würzige Bohnen-Pattys 174
Gekeimte Falafel mit süß-saurer Tahin-Sauce 176
Kimchi-Rollen 178
Kaspressknödel 180
Rohkostsalat aus frischem und fermentiertem Gemüse 182
Karottensalat mit fermentierten Melanzani und Rucola 184
Tomatensalat mit Sauerkraut und Basilikum 186
Süß-saurer Quinoa-Chinakohl-Salat 188
Fruchtig frischer Belugalinsen-Schichtsalat 190
Fermentierter Couscous-Radieschen-Schichtsalat 192
Blaukrautsalat mit Buchweizen, Linsen und Kürbiskernen 194

Suppen, Eintöpfe und Currys 197

Klare Gemüsesuppe mit fermentierter Lake 198
Aromatisch-säuerlicher Pho 200
Fenchelcremesuppe 204
Thaisuppe fürs Büro 206
Zitronig frische Linsensuppe mit fermentiertem Blattgrün 208
Tomaten-Linsen-Cremesuppe 210
Erfrischende Erbsen-Kokos-Suppe 212
Süßkartoffel-Linsencurry mit fermentiertem Blattgrün 214
Linsen-Quinoa-Buchweizen-Chili mit fermentiertem Blattgrün 217
Süßlupinen-Linsen-Dal 219

Besondere Spezialitäten 223

Burger 224
- Burger mit Grillkäse und Sauerkraut 225
- Burger mit Tempeh und Zucchini-Relish 226
- Burger mit Bohnen-Patty und Gurken-Kimchi 227
- Burger mit Feta und fermentiertem Blaukraut 228
- Burger mit Bohnen-Patty und fermentiertem Blattgrün 229

Pizza 230
- Pizza mit Käse und Sauerkraut 232
- Pizza mit Lakefrischcreme und fermentiertem Blattgrün 233
- One-Pot-Pasta mit fermentierter Lake 234
- Curry-Reisnudeln mit Erdnüssen 236
- Gemüse-Hirse-Bowl mit süß-saurer Sauce 238
- Gefüllte Paprika mit Tomatensauce 242
- Kartoffel-Kürbis-Pfanne mit Kräuter-Lauch-Dressing 244
- Quiche mit Grünkohl und Süßkartoffelhaube 246
- Kürbisstrudel mit Tsatsiki und fermentiertem Blaukraut 249

Kuchen und süße Rezeptideen 253

- Kombucha-Eiskaffee-Schnitten 254
- Erfrischende Erdbeer-Joghurt-Eisschnitten 256
- Kombucha-Erdnuss-Eisschnitten 258
- Kaffeekombucha-Creme 260
- Mango-Kombucha-Creme 262
- Schoko-Kokos-Kuchen mit Rote-Rüben-Kombucha-Creme 264
- Beeren-Kokos-Tarte 267
- Nuss- und Mohn-Taschen 270
- Heidelbeer-Strudel 272
- Rum-Linsen-Kugeln mit Kaffeekombucha 274
- Schokodatteln mit Salzzitronen-Erdnuss-Fülle 276
- Kürbis-Muffins mit fermentierten Karotten 278
- Bananen-Schoko-Mohn-Kuchen mit fermentierten Karotten 280
- Flaumiger Ölkuchen mit Früchten 282
- Rhabarber-Streusel-Kuchen mit Salzlimetten 285
- Karottenkuchen mit Salzzitronen und Kombucha-Cashew-Frosting 289
- Armins Apfeltarte mit Shoyu-Karamell-Sauce 291

Rezeptindex

Apfelmus, Fermentiertes 84
Armins Apfeltarte mit Shoyu-Karamell-Sauce 291
Bananen-Schoko-Mohn-Kuchen mit fermentierten Karotten 280
Beeren-Kokos-Tarte 267
Belugalinsen-Schichtsalat, Fruchtig frischer 190
Blattgrün, Fermentiertes 26
Blaukrautsalat mit Buchweizen, Linsen und Kürbiskernen 194
Bohnen-Pattys, Würzige 174
Buchweizencrackers, Fermentierte 124
Buchweizen-Porridge, Rohes 132
Burger mit Bohnen-Patty und fermentiertem Blattgrün 229
Burger mit Bohnen-Patty und Gurken-Kimchi 227
Burger mit Feta und fermentiertem Blaukraut 228
Burger mit Grillkäse und Sauerkraut 225
Burger mit Tempeh und Zucchini-Relish 226
Burger-Brötchen ohne Hefe 118
Chia-Joghurt mit Kombucha-Marmelade 138
Chinakohl-Kimchi 32
Couscous-Radieschen-Schichtsalat, Fermentierter 192
Currypaste 48
Curry-Reisnudeln mit Erdnüssen 236
Doppldecka 166
Dukkah-Gewürz 76
Erbsen-Kokos-Suppe, Erfrischende 212
Erbsen-Minze-Creme, Erfrischende grüne 160
Erdbeer-Joghurt-Eisschnitten, Erfrischende 256
Falafel, Gekeimte mit süß-saurer Tahin-Sauce 176
Fenchelcremesuppe 204
French Toast, Pikanter 168
Gelbe-Linsen-Bällchen 156
Gemüse-Hirse-Bowl mit süß-saurer Sauce 238
Gemüsesuppe, Klare mit fermentierter Lake 198
Gurken-Kimchi 38
Hafer-Amaranth-Brötchen, Fermentierte 128
Haferflocken, Gebackene mit Himbeeren und Schokolade 142
Heidelbeer-Strudel 272
Joghurt-Topfen-Creme mit Braunhirse 136
Kaffeekombucha-Creme 260
Karottenkuchen mit Salzzitronen und Kombucha-Cashew-Frosting 289
Karottensalat mit fermentierten Melanzani und Rucola 184
Kartoffelaufstrich 162
Kartoffel-Kürbis-Pfanne mit Kräuter-Lauch-Dressing 244
Kaspressknödel 180
Kimchi-Rollen 178
Knoblauchpaste 44
Kombucha-Brötchen ohne Gluten 126
Kombucha-Chutney 86
Kombucha-Eiskaffee-Schnitten 254
Kombucha-Erdnuss-Eisschnitten 258
Kombucha-Marmelade 69
Kombucha-Rosinen 88
Kürbisaufstrich 154
Kürbis-Muffins mit fermentierten Karotten 278
Kürbisstrudel mit Tsatsiki und fermentiertem Blaukraut 249
Kurkuma-Kokos-Porridge mit fermentierten Karotten 140
Lakefrischcreme 150
Linsen, Knusprige 164
Linsen-*Tofu* 170
Linsen-Quinoa-Buchweizen-Chili mit fermentiertem Blattgrün 217
Linsensuppe, Zitronig frische mit fermentiertem Blattgrün 208
Mango-Creme, Fermentierte 82
Mango-Karotten-Porridge, Rohes 134
Mango-Kombucha-Creme 262
Nuss- und Mohn-Taschen 270
Ölkuchen mit Früchten, Flaumiger 282
One-Pot-Pasta mit fermentierter Lake 234
Palatschinken aus aktiviertem Buchweizen 144
Paprika, Gefüllte mit Tomatensauce 242
Pesto 74
Pho, Aromatisch-säuerlicher 200
Pizza mit Käse und Sauerkraut 232
Pizza mit Lakefrischcreme und fermentiertem Blattgrün 233
Pizzateig, Vollkorn ohne Hefe 114
Powidl 72
Quiche mit Grünkohl und Süßkartoffelhaube 246
Quinoa-Chinakohl-Salat, Süß-saurer 188
Rettich-Kimchi 35
Rhabarber-Streusel-Kuchen mit Salzlimetten 285
Roggenvollkorn-Sauerteigbrot, Einfaches 104
Rohkostcrackers, Würzige 122
Rohkostsalat aus frischem und fermentiertem Gemüse 182
Rum-Linsen-Kugeln mit Kaffeekombucha 274
Salat-Dressing 81
Salzzitronen-Paste 46
Sauerkraut 22
Sauerteig-Überschuss-Brötchen, Schnelle 110
Schokodatteln mit Salzzitronen-Erdnuss-Fülle 276
Schoko-Kokos-Kuchen mit Rote-Rüben-Kombucha-Creme 264
Sojafrischcreme 68
Soja-Tsatsiki 148
Sonnenblumenkernaufstrich, Fermentierter 152
Strudelteig 120
Süßkartoffel-Linsencurry mit fermentiertem Blattgrün 214
Süßlupinen-Linsen-Dal 219
Thaisuppe fürs Büro 206
Tomatenketchup mit Kombucha 64
Tomatenketchup, Fermentiertes 60
Tomaten-Linsen-Aufstrich 158
Tomaten-Linsen-Cremesuppe 210
Tomatensalat mit Sauerkraut und Basilikum 186
Tomatensauce, Rauchig süß-saure 66
Vollkorn-Sauerteig-Brötchen 112
Walnüsse, Fermentierte 58
Wurzelgemüse, Fermentiertes 24
Zucchini-Relish 50

Dein Einsatz

Dein Einsatz für die Fermentation:

Zeit & Liebe

Vertraue in deine eigenen Fähigkeiten.

Vertraue in die Fähigkeiten der Natur und deiner Umgebung.

Behandle dich selber, deine Mitmenschen und die Natur mit Respekt.

Trainiere dein Bauchgefühl.

Trainiere deine Sinne.

Sei offen für Neues.

Beobachte und sammle Erfahrungen.

Gib nicht auf.

Entwickle gute Gewohnheiten.

Tausche dich mit anderen aus.

Lerne dich selber besser kennen.

Du bist einzigartig!
Vergleiche dich nicht mit anderen.

Deine Geschenke

Deine Geschenke der Fermentation:

Gesunder Genuss, Nachhaltigkeit, Unabhängigkeit

Neue Freunde

Neue gute Gewohnheiten

Neue Erfahrungen

Mehr Selbstvertrauen

Größeres Bewusstsein für dich, deine Mitmenschen und die Natur

Ein besseres Bauchgefühl

Vorfreude beim Beobachten

Mehr Freude am Lernen

Mehr Freude am Leben

Mehr Freude am Essen

Mehr Freude beim Kochen

Mehr Lebensenergie

Mehr Gesundheit

Mehr Zufriedenheit

Überraschende Genussmomente

Mehr Zeit

Mehr gespartes Geld

Eine bessere Welt

Weniger Müll

Weniger Plastik

Weniger Einsatz fossiler Ressourcen

Weniger Medikamente

Ein einfacheres und kostengünstigeres Leben

Genug Essen für alle zu jeder Zeit

Weniger Ausbeutung und Hungersnöte

Danke!

Ich liebe es aus meinen Vorräten eine überraschende Geschmacksexplosion auf den Teller zu zaubern. Mit fermentierten Zutaten ist das einfach und immer etwas Besonderes. Es braucht ein bisschen Übung, damit die Säure nicht zu dominant im Gericht wird. Richtig eingesetzt sorgt die Säure aus der Fermentation für den besonderen Geschmack, bei welchem keine Geschmacksverstärker mithalten können.

Die größte Herausforderung war für mich, genaue Angaben für Zutaten und Zubereitung zu geben. Ich koche aus meinem Bauchgefühl mit Zutaten, die mir über den Weg laufen. Da ergibt sich jedes Mal eine andere Spezialität. Nun bin ich aber sehr glücklich darüber, viele meiner Zubereitungsarten niedergeschrieben zu haben, da ich oft danach gefragt werde und bisher keine Rezepte zur Verfügung stellen konnte.

Bedanken möchte ich mich vor allem bei meiner Freundin und *... mehr als nur Essens*-Kollegin Vesela. Sie hat fast alle Rezepte für dieses Buch mit ihrer Fotokamera zum Leben erweckt und zu etwas Besonderem gemacht. Bei unseren Fotoshooting-Wochenenden konnten wir gemeinsam unseren Lieblingsbeschäftigungen nachgehen: Kochen, Anrichten, Fotografieren, Essen, Lachen, uns Austauschen und Genießen. Ich möchte mich herzlich bei meiner Freundin Nathalie und auch bei Milica von MiRi Keramik (*miri.ceramics*) für die wunderbaren handgemachten und einzigartigen Teller und

Schüsseln bedanken, die das Kochbuch begleiten. Die Liebe zum Detail und die handwerkliche Qualität, mit der jedes Stück gefertigt wurde, ist beeindruckend. Ich und Vesela sind dankbar, dass wir bei unseren Fotoshootings mit solch außergewöhnlichem Geschirr arbeiten durften, und freuen uns, die Ergebnisse meiner kulinarischen Kreationen auf diesen besonderen Tellern und Schüsseln präsentieren zu können. Vielen herzlichen Dank für die wertvolle Unterstützung!

Auch bei meiner Katze Nacho möchte ich bedanken, die einfach immer da ist und mein Herz erwärmt.

Besonders bedanken möchte ich mich bei meinem Lebenspartner Manfred. Er bezeichnet meinen Kochstil als *Pantschen* und würde nicht sagen, dass ich koche, trotzdem unterstützt er mich. Dafür und für seine saftig schokoladige Sachertorte, die er regelmäßig bäckt, bin ich ihm sehr dankbar. Und ob mein Kochstil unter Kochen fällt oder doch mehr *Pantschen* ist, lässt sich diskutieren. Ich denke, es ist eine Mischung daraus und vielleicht würde auch die Buchbezeichnung *Fermentistas Pantschbuch* gut passen. Sie wäre jedoch nicht sehr ansprechend.

Ich bedanke mich von Herzen bei allen meinen Freunden, Bekannten und Workshopteilnehmern. Ihr alle habt mich mit eurer Vorfreude auf dieses Buch motiviert voranzukommen. Danke, dass es euch gibt und ich jeden Tag meine Freude zum genussvollen Essen ausleben und in diesem Buch weitergeben darf.

Beim Freya-Verlag möchte ich mich für die Möglichkeit bedanken, dass ich zweites Buch schreiben konnte. Vielen Dank für die gute Unterstützung und die Zusage für ein drittes Buch mit Anleitungen für fermentierte Getränke. Ich freue mich schon auf die Umsetzung.

Fermentista
ANDREA

Vorwort

Liebe*r Leser*in,

Herzlichen Glückwunsch!

Du hast ein großes Glück, dieses Buch in deinen Händen zu halten!

Mit diesen Rezepten erhältst du Zugang zur Welt von Fermentista Andrea – der Welt, wo Geschmack und Gesundheit in einer Symphonie aus Aromen und Wohlbefinden zusammenkommen!

Innerhalb der Seiten dieses Buches wirst du eine kulinarische Reise antreten, die die transformative Kraft der Fermentation feiert. Als Fotografin dieser köstlichen Auswahl hatte ich das Privileg, nicht nur diese verlockenden Gerichte festzuhalten, sondern auch ihre unwiderstehlichen Geschmäcker aus erster Hand zu genießen. Hinter der Kamera hatte ich das Vergnügen, Seite an Seite mit meiner Freundin und außergewöhnlichen Köchin Andrea in ihrer lebendigen Küche zu arbeiten. Und während wir fleißig am Fotografieren waren, hat uns ihre liebe Katze Nacho im Nebenzimmer Gesellschaft geleistet und uns gezeigt, wie man entspannter durchs Leben gehen kann. Ihre Präsenz brachte eine zusätzliche Leichtigkeit in diesen kreativen Prozess.

Jedes Foto in diesem Buch erzählt eine Geschichte, jedes Bild lädt dich ein, uns auf dieser köstlichen Reise zu begleiten. Diese Gerichte sind nicht nur unglaublich lecker, sondern auch äußerst gesundheitsfördernd. Durch den Fermentationsprozess werden natürliche Probiotika und Enzyme freigesetzt, die deinem Körper guttun. Sie fördern die Darmgesundheit, stärken das Immunsystem und verbessern dein allgemeines Wohlbefinden.

Was dieses Buch besonders auszeichnet, ist die Leichtigkeit, mit der du diese köstlichen Gerichte selbst zubereiten kannst. Die Rezepte sind so gestaltet, dass auch Anfänger und eilige Köche ihre Freude daran haben werden. Fermentista Andrea hat die Zubereitungsschritte und Tipps sorgfältig ausgewählt, um sicherzustellen, dass jeder die Möglichkeit hat, diese delikaten Gerichte in seiner eigenen Küche zu genießen.

Ich wünsche dir viel Freude beim Entdecken und Genießen der köstlichen Rezepte. Mögen sie dein Herz erwärmen und deinem Gaumen schmeicheln! Lass dich von der Magie der Fermentation verführen und erlebe, wie einfach es ist, gesunde und leckere Gerichte in deinen Alltag zu integrieren.

Von Herzen,

Vesela

Einleitung

Fermentieren ist einfach. Wenn man weiß, wie es funktioniert und worauf man achten muss, braucht es nur Zeit und Liebe. In meinem ersten Buch *Fermentista. Du brauchst nur Zeit und Liebe* zeige ich mit Grundanleitungen für die Fermentation von Gemüse, Kombucha, Wasser- und Milchkefir, Sauerkraut, Essig und Joghurt, wie einfach es ist.

Die am häufigsten gestellte Frage in meinen Workshops lautet: „Was mache ich mit den liebevoll zubereiteten Fermenten? Wie kann ich damit kochen, so dass es mir und meiner Familie auch schmeckt?" Und das ist eine wichtige Frage. Es wäre ja schade um die wertvollen Vorräte, die gut für die Gesundheit sind, weil sie viele Nährstoffe und lebendige Probiotika enthalten, besser verträglich sind und einzigartige Geschmacksaromen enthalten, die durch keine chemischen Zusatzstoffe ersetzt werden können. Es braucht jedoch ein bisschen Erfahrung und Übung dazu.

Kochen mit Fermenten ist für viele neu und wer einmal auf den Geschmack gekommen ist, möchte es nicht mehr missen. Damit es schnell und einfach geht, braucht man ein paar Fermente in der Vorratskammer, die in den Rezepten schnell eingesetzt werden können. Aber auch manche nicht fermentierte Vorräte wie beispielsweise das Powidl und das Pesto sind für eine ausgewogene Vorratskammer wichtig.

Ist die Vorratskammer komplett, kann das schnelle Kochen beginnen. Das Tolle dabei ist, die Zutaten stehen jederzeit bereit und bleiben auch nach dem Öffnen noch lange haltbar. Bevor es nun so richtig ans Kochen geht, findest du noch zwei weitere Kapitel, die mir sehr am Herzen liegen und jeden betreffen, der fermentiert. Das sind Ideen für die Verwendung von zu saurem Kombucha und der Lake von fermentiertem Gemüse.

Alle Rezepte in diesem Buch sind vegetarisch. Viele davon auch vegan. Ich achte bei den Zutaten auf die Herkunft und bevorzuge regional und biologisch. Eine Mahlzeit, die auf allen Ebenen sättigt, beginnt nicht beim Essen, sie beginnt bei der Auswahl der Zutaten, die mit Liebe hergestellt und wertschätzend verarbeitet werden, bis sie in einer harmonischen Kombination auf dem Teller landen und mit vollem Bewusstsein genossen werden.

Mit diesem Buch möchte ich dich dazu motivieren, selber kreativ zu werden und fermentierte Zutaten in deine Gerichte einzubauen.

Die Vorrats-kammer

Allgemeine Vorräte

Damit du für die Rezepte in diesem Buch gut ausgerüstet bist, brauchst du folgende Basiszutaten in deiner Vorratskammer:

- Äpfel
- Belugalinsen
- Buchweizen
- Buchweizenmehl
- Cashewkerne
- Chiasamen
- Couscous
- Datteln, weich
- Flohsamenschalen
- Gepoppten Amaranth, Quinoa, Dinkel
- Getreidekaffee
- Gewürze und Kräuter (Salz, Pfeffer, Kümmel, Kreuzkümmel, Fenchel, geräuchertes Paprikapulver, Koriandersamen, schwarze Pfefferkörner, getrocknete Minze)
- Haselnüsse
- Honig und/oder Dattelsirup
- Käferbohnen
- Kakaopulver, dunkles
- Kartoffeln
- Kichererbsen
- Kidneybohnen
- Kokosflocken
- Kokosmehl
- Kokosmilch
- Kokosöl
- Leinsamen
- Linsen, rote und/oder gelbe
- Mandeln
- Miso
- Mohn
- Nussmuse (Mandelmus, Haselnussmus, Cashewmus)
- Olivenöl
- Schokolade 85 %
- Sesamsamen
- Sonnenblumenkerne
- Süßlupinenschrot
- Tamari
- Tellerlinsen
- Tomatenmark
- Trockenfrüchte (Zwetschken, Marillen, Feigen, Mangos ...)
- Vanille
- Vollkornmehl (Roggen, Dinkel, Einkorn)
- Walnüsse
- Zimt
- Zucker
- Zwiebeln

Bestimmte, selber zubereitete Vorräte sind beim Kochen immer hilfreich. Das sind:

Sauerkraut

Pflanzlich – Rohkost – Glutenfrei – Laktosefrei

Portionen: 1,5-l-Glas
Zubereitungszeit: 30 Minuten
Fermentationszeit: 5–7 Tage

Zutaten:

Für das Sauerkraut

- 1 kg Weißkraut
- 1 EL Salz
- 1 EL Kümmel

Material

- 1,5-l-Glas (Weck, Rex oder mit Bügelverschluss)
- 1 Abdichtungsgummiring passend für das Glas
- Granitsteine zum Beschweren (gewaschen, abgekocht und ausgekühlt)

Zubereitung:

Für das Sauerkraut

Das Kraut waschen, die äußeren Krautblätter für später zum Abdecken zur Seite geben und den Rest fein hobeln. Salz und Kümmel hinzufügen und das Kraut mit sauberen Händen so lange kneten, bis Flüssigkeit austritt. Beim Einkneten mit wenig Salz beginnen und abschmecken, wie viel Salz weiter hinzugefügt wird. Es soll salzig, aber nicht versalzen schmecken.

Das geknetete Kraut in das Glas schichten und dabei darauf achten, dass wenig Luftlöcher bleiben. Mit der Faust oder mit einem Stampfer fest in das Glas drücken, sodass das Kraut mit der Flüssigkeit bedeckt ist. Mit den zur Seite gegebenen äußeren Krautblättern bedecken und mit ausgekochten und abgekühlten Granitsteinen beschweren. Wenn notwendig, etwas Lake (3 g Salz je 100 ml Wasser) zubereiten und darübergießen. Das Glas luftdicht verschließen.

Für die Fermentation

Das Glas auf ein Backblech oder einen Teller stellen und bei Zimmertemperatur ohne direkte Sonneneinstrahlung 5–7 Tage fermentieren lassen. Wenn der Fermentationsprozess abgeschlossen ist, wird das Sauerkraut kühl gelagert. So ist es für ein Jahr haltbar.

ANMERKUNG

In meinem ersten Buch „Fermentista – Du brauchst nur Zeit und Liebe" findest du eine ausführlichere Beschreibung für die Krauttechnik mit vielen hilfreichen Tipps.

Fermentiertes Wurzelgemüse

Pflanzlich – Rohkost – Glutenfrei – Laktosefrei

Portionen: 1,5-l-Glas
Zubereitungszeit: 30 Minuten
Fermentationszeit: 5–7 Tage

Zutaten:

Für das Wurzelgemüse

- 1 kg Wurzelgemüse (Karotten, Sellerie, Pastinaken, Petersilwurzeln …)
- 1 EL Salz

Material

- 1,5-l-Glas (Weck, Rex oder mit Bügelverschluss)
- 1 Abdichtungsgummiring passend für das Glas
- Blätter zum Abdecken von Wein-, Himbeer- oder Brombeersträuchern
- Granitsteine zum Beschweren (gewaschen, abgekocht und ausgekühlt)

TIPP

Du kannst auch das Grüne vom Wurzelgemüse waschen, klein schneiden, unter das Wurzelgemüse mischen und mit fermentieren. Die Mischung bekommt damit einen herberen und etwas bitteren Geschmack. Oder du bereitest aus dem Grünen eine eigene Mischung zu, wie im Rezept für das fermentierte Blattgrün (siehe nächste Seite) beschrieben.

Zubereitung:

Für das Wurzelgemüse

Das Gemüse waschen und grob reiben. Salz hinzufügen und das Gemüse mit sauberen Händen so lange kneten, bis Flüssigkeit austritt. Beim Einkneten mit wenig Salz beginnen und abschmecken, wie viel Salz weiter hinzugefügt wird. Es soll salzig, aber nicht versalzen schmecken.

Das geknetete Gemüse in das Glas schichten und dabei darauf achten, dass wenig Luftlöcher bleiben. Mit der Faust oder mit einem Stampfer fest in das Glas drücken, sodass das Gemüse mit der Flüssigkeit bedeckt ist. Mit gewaschenen Blättern von Wein-, Himbeer- oder Brombeersträuchern bedecken und mit ausgekochten und abgekühlten Granitsteinen beschweren. Wenn notwendig, etwas Lake (3 g Salz je 100 ml Wasser) zubereiten und darübergießen. Das Glas luftdicht verschließen.

Für die Fermentation

Das Glas auf ein Backblech oder einen Teller stellen und bei Zimmertemperatur ohne direkte Sonneneinstrahlung 5–7 Tage fermentieren lassen. Wenn der Fermentationsprozess abgeschlossen ist, wird das Wurzel-Kraut-Gemüse kühl gelagert. So ist es für ein Jahr haltbar.

ANMERKUNG

Das fermentierte Wurzelgemüse kann in der Küche zum Würzen wie Suppenwürze verwendet werden. Die Speisen bekommen damit einen guten Geschmack mit einer guten Säure. Es hilft außerdem, mit Salz zu sparen.

Fermentiertes Blattgrün

Pflanzlich - Rohkost - Glutenfrei - Laktosefrei

Portionen: 1,5-l-Glas
Zubereitungszeit: 30 Minuten
Fermentationszeit: 5-7 Tage

Zutaten:

Für das fermentierte Blattgrün

- 1 kg Blattgrün (Spinat, Mangold, Radieschen-, Rüben-, Karottenblätter usw.)
- 2 Zwiebeln
- Saft von 1 Zitrone
- 2 EL Oregano
- 1 EL Salz

Material

- 1,5-l-Glas (Weck, Rex oder mit Bügelverschluss)
- 1 Abdichtungsgummiring passend für das Glas
- Granitsteine zum Beschweren (gewaschen, abgekocht und ausgekühlt)

Zubereitung:

Für das fermentierte Blattgrün

Das Blattgrün waschen, trocken schleudern, ein paar größere Blätter zum Abdecken zur Seite geben und den Rest grob hacken. Zwiebel kleinwürfelig schneiden. Zitrone auspressen. Blattgrün mit Zwiebeln, Zitronensaft, Salz und Oregano vermischen und alles gut durchkneten. Die Mischung kosten, sie sollte salzig, aber nicht versalzen schmecken.

Das geknetete Blattgrün in das Glas schichten und dabei darauf achten, dass wenig Luftlöcher bleiben. Mit der Faust oder mit einem Stampfer fest in das Glas drücken, sodass das Gemüse mit der Flüssigkeit bedeckt ist. Mit den zur Seite gegebenen größeren Blättern bedecken und mit ausgekochten und abgekühlten Granitsteinen beschweren. Wenn notwendig, etwas Lake (3 g Salz je 100 ml Wasser) zubereiten und darübergießen. Das Glas luftdicht verschließen.

Für die Fermentation

Das Glas auf ein Backblech oder einen Teller stellen und bei Zimmertemperatur ohne direkte Sonneneinstrahlung 5–7 Tage fermentieren lassen. Wenn der Fermentationsprozess abgeschlossen ist, wird das fermentierte Blattgrün kühl gelagert. So ist es für ein Jahr haltbar.

ANMERKUNG

Fermentiertes Blattgrün hat einen intensiven Geschmack, daher beim Servieren sparen. Richtig dosiert sorgt es für eine erfrischende Würze. Probiere es in Kombination mit Kartoffelpüree, Röstzwiebeln und Dukkah-Gewürz (siehe Seite 76).

Kimchi

Was ist Kimchi?

Vereinfacht gesagt ist Kimchi das Sauerkraut aus Korea. Anstatt des Weißkrauts wird in Korea Chinakohl als Hauptgemüse verwendet. Kimchi hat eine kulturelle Bedeutung für die Koreaner. Es ist ein fester Bestandteil der koreanischen Küche und spielt eine wichtige Rolle in der koreanischen Esskultur. Kimchi ist ein Symbol für koreanische Identität und Tradition. Es gibt verschiedene Variationen von Kimchi, die von Region zu Region und von Familie zu Familie abgeändert werden, aber sie alle haben gemeinsam, dass sie durch die Fermentation einen einzigartigen Geschmack und Charakter erhalten.

Die Kimchi-Zutaten sind vielfältiger als beim Sauerkraut, wodurch es auch einen komplexeren Geschmack erhält. Sauerkraut besteht zur Gänze aus Weißkraut und ein paar Gewürzen wie beispielsweise Kümmel oder Wacholderbeeren.

Bei Kimchi spielen neben dem Chinakohl als Hauptgemüse auch verschiedene andere Gemüsesorten eine Nebenrolle. Vorwiegend sind das Rettich, Karotten und Frühlingszwiebeln. Außerdem wird dem Kimchi etwas Obst, meist eine Birne oder ein Apfel und Zucker beigemischt für einen guten süß-sauren Geschmack. Eine Schärfe erhält das Kimchi durch die Zugabe von Ingwer, Knoblauch und Chili. Zum Andicken kommt etwas Reismehl oder pürierter Reis hinzu. Auch eine kleine Menge Sesamsamen ist meist im Kimchi und verleiht ihm eine besondere Textur. Wie beim Sauerkraut braucht es bei Kimchi etwas Salz für die Fermentation.

Traditionelles Kimchi ist nicht vegan, da auch fermentierte Shrimps und Fischsauce hinzugefügt werden. Meines Erachtens lassen sich diese Zutaten jedoch gut durch Sojasauce oder Tamari ersetzen, die in Europa einfacher erhältlich sind und wodurch das Kimchi auch pflanzlich bleibt.

Gochugaru

Gochugaru ist eine traditionelle Chili-Sorte aus Korea. Der Name leitet sich vom koreanischen *gochugaru* ab, wobei *gochu* – *Chilipfeffer* und *garu* – *Pulver* bedeutet. Die Schoten werden traditionell zur Herstellung von Pfefferflocken und Chilipulver verwendet. Das daraus gewonnene Chilipulver wird in der koreanischen Küche häufig genutzt. Es hat eine pulvrige bis grobkörnige Konsistenz und eine leuchtend rote Farbe. Der Geschmack ist scharf und leicht süßlich. Der Anbau der Chilisorte in Europa erweist sich als schwierig, da die Sonnentage für die Ausreifung der Chili nicht ausreichen. Nur die reife Chilischote wird leuchtend rot und süßlich. Für ein gutes Kimchi lohnt es sich, einen Asia-Laden für dieses Chilipulver aufzusuchen.

ERFAHRUNG

Für ein charakteristisches Kimchi ist aus meiner Erfahrung neben der Säure durch die Fermentation, der Süße aus dem Obst und dem Zucker, der Schärfe aus dem Chili, dem Ingwer und dem Knoblauch auch die rote Farbe von großer Bedeutung. Diese erhält das Kimchi durch das koreanische Chilipulver Gochugaru.

Bei der Zubereitung unterscheidet sich das Sauerkraut ebenfalls vom Kimchi. Für das Sauerkraut wird das Kraut mit dem Salz und den Gewürzen geknetet, bis die Flüssigkeit aus dem Kraut austritt. Anschließend wird es in einen Gärtopf oder ein Glas für die Fermentation geschichtet. Bei Kimchi wird der Chinakohl als **Hauptgemüse** für 6 bis 12 Stunden in Salzwasser mit 2 bis 3 % Salzgehalt gegeben, bevor er weiterverarbeitet wird, um ihm Feuchtigkeit zu entziehen und ihn weicher zu machen. Durch das Einlegen in Salzwasser verlieren die Zellwände des Kohls an Festigkeit, was dazu führt, dass der Kohl später beim Fermentieren weicher wird und das Gewürzgemisch besser aufnehmen kann.

Das Einlegen in Salzwasser hat auch den Zweck, schädliche Bakterien und Mikroorganismen abzutöten und das Wachstum von nützlichen Bakterien zu fördern. Das Salzwasser wirkt als natürliches Konservierungsmittel und schafft ein günstiges Milieu für die nützlichen Milchsäurebakterien, die für die Fermentation verantwortlich sind.

Das **Nebengemüse**, das Obst, der Zucker, das Salz und die Gewürze werden zu einer Paste verarbeitet, mit welcher der Chinakohl nach dem Einweichen vermischt wird. So wird das Kimchi in einen Gärtopf oder ein Glas für die Fermentation geschichtet und verschlossen.

ERFAHRUNG

Da auch wertvolle wasserlösliche Vitamine beim Einweichen des Chinakohls verloren gehen, vermeide ich das Einweichen in Wasser und vermische den geschnittenen Chinakohl zum Einweichen mit einem gestrichenem Esslöffel Salz je Kilogramm, den ich anschließend mit einem Teller beschwere und gut abdecke. Das Salz entzieht dem Chinakohl Wasser, welches ich weiter für die Kimchi-Verarbeitung verwende. So gehen keine wertvollen Vitamine und Ressourcen verloren.

Kimchi kann sofort nach der Zubereitung noch vor der Fermentation genossen werden, nach ein paar Tagen, nach ein paar Wochen, nach ein paar Monaten oder Jahren. Der Geschmack wird zu jeder Zeit ein anderer sein.

Die **Fermentationszeit** bei Zimmertemperatur wird bei Kimchi meist mit 24 bis 48 Stunden angegeben. Anschließend darf es im Kühlschrank langsam weiter gären. Auch hier unterscheidet es sich zu Sauerkraut, welches ca. 1 Woche bei Zimmertemperatur fermentiert, bevor es in den Kühlschrank oder Keller wandert.

In Korea gibt es eigene Kimchi-Kühlschränke, die zur Lagerung des fertigen Kimchis verwendet werden. So fermentiert das Kimchi kaum weiter und versorgt die ganze Familie über das ganze Jahr.

Zusammenfassend lässt sich sagen, dass das Sauerkraut und das Kimchi durch Milchsäuregärung ohne Starterkultur fermentiert, jedoch auf unterschiedliche Weise zubereitet werden. Beide Fermente enthalten durch den Fermentationsprozess eine Vielzahl von probiotischen Bakterien und Hefen, die gut für die Verdauung und das Immunsystem sein können. Sauerkraut hat einen milderen Geschmack und eine weichere Textur, während Kimchi würziger und knuspriger ist und oft auch eine Schärfe aufweist.

» TEXT
Was ist Kimjang?

ERFAHRUNG

Ich unterscheide bei der Fermentationszeit nicht zwischen Kimchi und Sauerkraut.

Ein Glas Gemüse fermentiert bei mir ca. 1 Woche bei Zimmertemperatur, wandert anschließend in den Keller, wird bei Bedarf geöffnet und schmeckt immer wunderbar.

Chinakohl-Kimchi

Pflanzlich – Rohkost – Glutenfrei – Laktosefrei

Portionen: 1,5-l-Glas
Zubereitungszeit: 30 Minuten
Einweichzeit: 6–12 Stunden
Fermentationszeit: 2–7 Tage

Zutaten:

Für das Hauptgemüse

- 1 kg Chinakohl
- 20 g Salz

Für die Paste

- 1 Karotte
- 1 Apfel
- 1 weißer Rettich
- ½ Bund Frühlingszwiebeln
- 1 Zwiebel
- 1 Chilischote
- 5 Knoblauchzehen
- 1 cm Ingwer
- 2 TL Sesam
- 2 EL Tamari
- 1–2 TL Gochugaru
- 1 TL Zucker

Material

- 1,5-l-Glas (Weck, Rex oder mit Bügelverschluss)
- 1 Abdichtungsgummiring passend für das Glas
- Granitsteine zum Beschweren (gewaschen, abgekocht und ausgekühlt)

TIPP

Verwende für ein weniger scharfes Kimchi eine milde Pfefferoni oder Paprika anstatt der Chilischote und nur wenig milderes Gochugaru-Pulver.

Statt dem Apfel kann auch anderes Obst, Trockenobst oder Marmelade (am besten ohne Zitronensäure) verwendet werden. Bei Verwendung von Marmelade kann der Zucker weggelassen werden.

Möchtest du dein Kimchi etwas angedickt haben, gib etwas Reismehl oder eine fein geriebene rohe Kartoffel unter die Paste.

Zubereitung:

Für das Hauptgemüse

Den Chinakohl waschen, die äußeren Kohlblätter für später zum Abdecken zur Seite geben, den Rest grobwürfelig schneiden und abwiegen. Die angegebenen Zutaten sind für 1 kg Chinakohl und können auf den abgewogenen Chinakohl angepasst werden. Das Salz unter den Chinakohl mischen, mit einem Teller beschweren, einem Tuch abdecken und so lange durchziehen lassen, bis ausreichend Flüssigkeit aus dem Chinakohl ausgetreten ist. Das dauert bei Chinakohl 6–12 Stunden und funktioniert am besten über Nacht. Die ausgetretene Flüssigkeit wird nicht weggegeben. Sie wird mit dem Chinakohl weiterverarbeitet und kommt zum Fermentieren mit in das Glas. So braucht es keine zusätzliche Lake zum Abdecken des Gemüses.

Für die Paste

Karotte, Apfel und Rettich grob raspeln. Frühlingszwiebeln in feine Ringe schneiden. Zwiebel und Chilischote klein hacken. Knoblauch schälen, Ingwer waschen, beides klein schneiden und in einem Mörser zerstoßen. Die zerkleinerten Zutaten mit Sesamsamen, Tamari, Gochugaru und Zucker zu einer Paste rühren, zum Chinakohl mit der ausgetretenen Flüssigkeit geben und daruntermischen. Die ausgetretene Flüssigkeit des Chinakohls dabei nicht weggeben, sie bleibt in der Mischung. Das Kimchi abschmecken. Es soll salzig, aber nicht versalzen schmecken.

Die Kimchi-Mischung in das Glas schichten und dabei darauf achten, dass wenig Luftlöcher bleiben. Mit der Faust oder mit einem Stampfer fest in das Glas drücken, sodass das Gemüse mit der Flüssigkeit bedeckt ist. Mit den zur Seite gegebenen äußeren Chinakohlblättern bedecken und mit ausgekochten und abgekühlten Granitsteinen beschweren. Wenn notwendig, etwas Lake (3 g Salz je 100 ml Wasser) zubereiten und darübergießen. Das Glas luftdicht verschließen.

Für die Fermentation

Das Glas auf ein Backblech stellen und bei Zimmertemperatur ohne direkte Sonneneinstrahlung 2–7 Tage fermentieren lassen. Sobald das Gemüse den gewünschten Geschmack hat, wird es kühler gestellt (Keller oder Kühlschrank). Dadurch wird der Fermentationsprozess eingedämmt und das Gemüse ist bereit zum Verzehr. Die Haltbarkeit hängt u. a. vom Gemüse, vom Salzgehalt und von der Lagertemperatur ab und liegt bei etwa einem Jahr.

Varianten:

Statt dem Chinakohl können auch andere Kohlsorten als Hauptgemüse verwendet werden wie beispielsweise Pak Choi oder Weißkraut. Die Einweichzeit variiert bei verschiedenen Kohlarten. Für Pak Choi reicht beispielsweise eine Einweichzeit von ca. 30 Minuten. Sobald genügend Flüssigkeit aus dem Gemüse getreten ist, ist der Kohl bereit für die weitere Verarbeitung.

Rettich-Kimchi

Pflanzlich – Rohkost – Glutenfrei – Laktosefrei

Portionen: 1,5-l-Glas
Zubereitungszeit: 30 Minuten
Einweichzeit: 30 Minuten
Fermentationszeit: 2–7 Tage

Zutaten:

Für das Hauptgemüse

- 1 kg Rettich
- 20 g Salz

Für die Paste

- 1 Karotte
- 1 Apfel
- ½ Bund Frühlingszwiebeln
- 1 Zwiebel
- 1 Chilischote
- 3 Knoblauchzehen
- 1 cm Ingwer
- 2 TL Sesam
- 2 EL Tamari
- 1–2 TL Gochugaru
- 1 TL Zucker

Material

- 1,5-l-Glas (Weck, Rex oder mit Bügelverschluss)
- 1 Abdichtungsgummiring passend für das Glas
- Blätter zum Abdecken von Wein-, Himbeer- oder Brombeersträuchern
- Granitsteine zum Beschweren (gewaschen, abgekocht und ausgekühlt)

Zubereitung:

Für das Hauptgemüse

Je nach Rettich-Sorte wird dieser nur gewaschen oder muss auch geschält werden. Weißer Rettich wird nur gewaschen. Schwarzer Rettich muss auch geschält werden.

Den Rettich in ca. 1 cm große Würfel schneiden und abwiegen. Die angegebenen Zutaten sind für 1 kg Rettich und können auf den abgewogenen Rettich angepasst werden.

Das Salz unter den Rettich mischen, mit einem Teller beschweren, einem Tuch abdecken und so lange durchziehen lassen, bis ausreichend Flüssigkeit aus dem Rettich ausgetreten ist. Das dauert bei Rettich nur ca. 30 Minuten. Die ausgetretene Flüssigkeit wird nicht weggegeben. Sie wird mit dem Rettich weiterverarbeitet und kommt zum Fermentieren mit in das Glas. So braucht es keine zusätzliche Lake zum Abdecken des Gemüses.

Für die Paste

Karotte und Apfel grob raspeln. Frühlingszwiebeln in feine Ringe schneiden. Zwiebel und Chilischote klein hacken. Knoblauch schälen, Ingwer waschen, beides klein schneiden und in einem Mörser zerstoßen. Die zerkleinerten Zutaten mit Sesamsamen, Tamari, Gochugaru und Zucker zu einer Paste rühren, zum Rettich mit der ausgetretenen Flüssigkeit geben und daruntermischen. Die ausgetretene Flüssigkeit des Rettichs dabei nicht weggeben, sie bleibt in der Mischung. Das Kimchi abschmecken. Es soll salzig, aber nicht versalzen schmecken.

Die Kimchi-Mischung in das Glas schichten und dabei darauf achten, dass wenig Luftlöcher bleiben. Mit der Faust oder mit einem Stampfer fest in das Glas drücken, sodass das Gemüse mit der Flüssigkeit bedeckt ist. Mit Blättern von Wein-, Himbeer- oder Brombeersträuchern bedecken und mit ausgekochten und abgekühlten Granitsteinen beschweren. Wenn notwendig, etwas Lake (3 g Salz je 100 ml Wasser) zubereiten und darübergießen. Das Glas luftdicht verschließen.

Für die Fermentation

Das Glas auf ein Backblech stellen und bei Zimmertemperatur ohne direkte Sonneneinstrahlung 2–7 Tage fermentieren lassen. Sobald das Gemüse den gewünschten Geschmack hat, wird es kühler gestellt (Keller oder Kühlschrank). Dadurch wird der Fermentationsprozess eingedämmt und das Gemüse ist bereit zum Verzehr. Die Haltbarkeit hängt u. a. vom Gemüse, vom Salzgehalt und von der Lagertemperatur ab und liegt bei etwa einem Jahr.

Variante:

Probiere statt dem Rettich Mairüben. Auch die Blätter der Mairüben können in dem Kimchi verarbeitet werden. Mairüben-Kimchi ist im Vergleich zu Rettich-Kimchi milder und weicher.

ANMERKUNG

Rettich ist meist nur ein Nebengemüse bei Kimchi, kann aber auch als Hauptgemüse eingesetzt werden. Rettich-Kimchi ist besonders würzig, bekommt eine gute Schärfe und bleibt knackig.

Gurken-Kimchi

Pflanzlich – Rohkost – Glutenfrei – Laktosefrei

Portionen: 1,5-l-Glas
Zubereitungszeit: 30 Minuten
Einweichzeit: 30 Minuten
Fermentationszeit: 1–4 Tage

Zutaten:

Für das Hauptgemüse

- 1 kg Gurken
- 20 g Salz

Für die Paste

- 1 Zwiebel
- 5 Knoblauchzehen
- 1 Chilischote
- 1 Bund Dill
- 1 Apfel
- 2 TL Sesam
- 2 EL Tamari
- 1–2 TL Gochugaru
- 1 TL Zucker

Material

- 1,5-l-Glas (Weck, Rex oder mit Bügelverschluss)
- 1 Abdichtungsgummiring passend für das Glas
- Blätter zum Abdecken von Wein-, Himbeer- oder Brombeersträuchern
- Granitsteine zum Beschweren (gewaschen, abgekocht und ausgekühlt)

Zubereitung:

Für das Hauptgemüse

Gurken waschen, halbieren, das Kerngehäuse entfernen, in ca. 1 cm große Würfel schneiden und abwiegen. Die angegebenen Zutaten sind für 1 kg Gurken und können auf die abgewogenen Gurken angepasst werden. Das Salz unter die Gurken mischen, mit einem Teller beschweren, einem Tuch abdecken und so lange durchziehen lassen, bis ausreichend Flüssigkeit aus den Gurken ausgetreten ist. Das dauert bei Gurken nur ca. 30 Minuten. Die ausgetretene Flüssigkeit wird nicht weggegeben. Sie wird mit den Gurken weiterverarbeitet und kommt zum Fermentieren mit in das Glas. So braucht es keine zusätzliche Lake zum Abdecken des Gemüses.

Für die Paste

Zwiebel, Knoblauchzehen, Chilischote und Dill klein hacken. Apfel fein reiben. Die zerkleinerten Zutaten mit Sesamsamen, Tamari, Gochugaru und Zucker zu einer Paste rühren, zu den Gurken mit der ausgetretenen Flüssigkeit geben und daruntermischen. Die ausgetretene Flüssigkeit der Gurken dabei nicht weggeben, sie bleibt in der Mischung. Das Kimchi abschmecken. Es soll salzig, aber nicht versalzen schmecken.

Die Kimchi-Mischung in das Glas schichten und dabei darauf achten, dass wenig Luftlöcher bleiben. Mit der Faust oder mit einem Stampfer fest in das Glas drücken, sodass das Gemüse mit der Flüssigkeit bedeckt ist. Mit Blättern von Wein-, Himbeer- oder Brombeersträuchern bedecken und mit ausgekochten und abgekühlten Granitsteinen beschweren. Wenn notwendig, etwas Lake (3 g Salz je 100 ml Wasser) zubereiten und darübergießen. Das Glas luftdicht verschließen.

Für die Fermentation

Das Glas auf ein Backblech stellen und bei Zimmertemperatur ohne direkte Sonneneinstrahlung 1–4 Tage fermentieren lassen. Sobald das Gemüse den gewünschten Geschmack hat, wird es kühler gestellt (Keller oder Kühlschrank). Dadurch wird der Fermentationsprozess eingedämmt und das Gemüse ist bereit zum Verzehr. Die Haltbarkeit hängt u. a. vom Gemüse, vom Salzgehalt und von der Lagertemperatur ab und liegt bei etwa einem Jahr.

Variante:

Anstatt der Gurken können auch Zucchini für ein Zucchini-Kimchi verwendet werden. Ersetze dafür den Dill durch andere Gewürze wie beispielsweise Basilikum.

ANMERKUNG

Gurken-Kimchi schmeckt frisch, wird aber schnell weich. Da es zur Gurkenzeit auch meist wärmer ist, wird es kürzer fermentiert.

Rezeptideen mit Kimchi

In Korea wird Kimchi zu fast jeder Mahlzeit serviert und findet sich in vielen Rezepten als Zutat wieder wegen seines einzigartigen Geschmackes. Hier ein paar Anregungen, wie du Kimchi in der Küche verwenden kannst:

Schneller Salat

Egal ob klassisches Chinakohl-Kimchi, Kraut-Kimchi, Gurken-Kimchi oder eine andere Variante, es ist immer bereit zum Essen als schneller Salat zur Vorspeise, als Beilage oder für den Gemüsehunger unterwegs. Kimchi hat bereits einen sehr komplexen Geschmack und braucht kein Dressing mehr.

Zu Reis, Getreide & Co

Einfacher geht's nicht. Koche Reis, ein anderes Getreide oder Pseudogetreide wie Quinoa oder Amaranth und serviere es mit Kimchi zu gebratenem Tofu oder Tempeh.

Zu Kartoffeln

Kimchi passt zu allen Zubereitungsarten von Kartoffeln. Hier ein paar Anregungen:

- Wedges mit Kimchi und Joghurtdip
- Kartoffelpüree mit Kimchi und gebratenem Tempeh
- Gekochte Kartoffeln mit Kimchi und Pattys aus Bohnen oder anderen Hülsenfrüchten

Aufs Butterbrot

Wer regelmäßig Sauerteigbrot bäckt und Kimchi auf Vorrat hat, braucht nur noch eine gute Butter zum Bestreichen. Im Nu ist eine schmackhafte und sättigende Mahlzeit auf dem Teller.

Als Pizzabelag

Hast du schon einmal Kimchi-Pizza ausprobiert? Nicht? Dann wird es Zeit dafür. Kimchi schmeckt als Pizzabelag mit Käse überbacken hervorragend. Es kann auch als Beilage zu Pizza serviert werden. Einen Pizzateig aus Sauerteig ohne Hefe findest du auf Seite 114.

Im Toast

Wer sagt, dass in einem Toast ausschließlich Schinken und Käse sein darf? Wie wäre es zur Abwechslung mit einer Fülle aus Kimchi und Käse?

In Burger

Fermentiertes Gemüse passt in jeden Burger. Mit Kimchi wird dein Burger zu einer besonderen Spezialität. Mein Kimchi-Favorit im Burger ist das Gurken-Kimchi wie im Rezept auf Seite 38 zubereitet.

Zu Pasta

Kimchi passt zu Nudeln in allen Variationen. Ob Vollkornnudeln, Reisnudeln oder Glasnudeln – mit Kimchi werden alle Nudeln gut würzig und aromatisch.

In Frühlingsrollen

Kimchi schmeckt auch immer sehr gut in Frühlingsrollen. Ein Rezept dazu findest du auf Seite 178.

Knoblauchpaste

Pflanzlich – Rohkost – Glutenfrei – Laktosefrei

Portionen: 1,5-l-Glas
Zubereitungszeit: 30 Minuten
Fermentationszeit: 14–21 Tage

Zutaten:

Für die Knoblauchpaste

- 1 kg geschälter Knoblauch
- 50 g Salz

Für die Lake

- 100 ml Wasser
- 3 g Salz

Material

- 1,5-l-Glas (Weck, Rex oder mit Bügelverschluss)
- 1 Abdichtungsgummiring passend für das Glas
- Blätter zum Abdecken von Wein-, Himbeer- oder Brombeersträuchern
- Steine zum Beschweren (abgekocht und ausgekühlt)

Zubereitung:

Für die Knoblauchpaste

Den geschälten Knoblauch und das Salz in einen Mixer geben und eine Paste daraus zubereiten. Die Knoblauchpaste in das Glas füllen und dabei darauf achten, dass wenig Luftlöcher bleiben. Mit sauberen Blättern von Wein-, Himbeer- oder Brombeersträuchern bedecken und mit ausgekochten und abgekühlten Granitsteinen beschweren.

Für die Lake

Eine Lake aus 100 ml Wasser und 3 g Salz zubereiten und darübergießen, sodass der Knoblauch bedeckt ist. Das Glas luftdicht verschließen.

ANMERKUNG

Knoblauch verfärbt sich während der Fermentation blau und grün. Das ist normal. Grund sind schwefelhaltige Stoffe im Knoblauch, die sich bei der Fermentation zersetzen und mit bestimmten Aminosäuren reagieren. Das schadet nicht und schmeckt normal. Im Laufe des Fermentationsprozesses verfärbt sich die Paste wieder und sieht zum Schluss meist beige bis hellbraun aus.

Für die Fermentation

Das Glas auf ein Backblech oder einen Teller stellen und bei Zimmertemperatur ohne direkte Sonneneinstrahlung 14–21 Tage fermentieren lassen. Wenn der Fermentationsprozess abgeschlossen ist, wird die Knoblauchpaste kühl gelagert. So ist sie für ein Jahr haltbar.

Salzzitronen-Paste

Pflanzlich – Rohkost – Glutenfrei – Laktosefrei

Portionen: ¼-l-Glas
Zubereitungszeit: 10 Minuten
Fermentationszeit: 21 Tage

Zutaten:

Für die Salzzitronen-Paste

- 3 Bio-Zitronen
- 40 g Salz
- Etwas frisch gepresster Zitronensaft

Material

- ¼-l-Glas (Weck, Rex oder mit Bügelverschluss)
- 1 Abdichtungsgummiring passend für das Glas
- Blätter zum Abdecken von Wein-, Himbeer- oder Brombeersträuchern
- Steine zum Beschweren (abgekocht und ausgekühlt)

Zubereitung:

Zitronen waschen, klein schneiden, Kerne entfernen, mit dem Salz zu einer Paste mixen und in ein Glas füllen. Dabei darauf achten, dass wenig Luftlöcher bleiben. Die Paste mit Blättern abdecken, mit Steinen beschweren, etwas frisch gepressten Zitronensaft darübergeben und das Glas luftdicht verschließen. Die Paste bei Zimmertemperatur ohne direkte Sonneneinstrahlung 21 Tage fermentieren lassen. Nun ist die Salzzitronen-Paste fertig und bereit für ihren Einsatz. Dafür wird sie am besten im Kühlschrank gelagert und ist ein Jahr haltbar.

Variante:

Für eine lange haltbare Salzlimettenpaste verwende Bio-Limetten statt der Zitronen. Diese passt gut in die Currypaste (siehe Seite 48).

Currypaste

Pflanzlich – Rohkost – Glutenfrei – Laktosefrei

Portionen: ¼-l-Glas
Zubereitungszeit: 10 Minuten

Zutaten:

- 4 TL Kreuzkümmel
- 4 TL Koriandersamen
- 4 Kaffir-Limeblätter
- 2 TL getrocknetes Zitronengras
- 1 TL Salz
- 4 cm Ingwer
- 8 Knoblauchzehen
- 2 TL Salzlimettenpaste
- 8 EL scharfe Paprika-Salsa
- 2 EL Olivenöl

Zubereitung:

Kreuzkümmel, Koriandersamen, Kaffir-Limeblätter, Zitronengras und Salz in einer Gewürzmühle oder einem Mörser mahlen. Ingwer und Knoblauchzehen klein schneiden und mit den gemahlenen Gewürzen und den restlichen Zutaten mit Hilfe eines Stabmixers oder im Mörser zu einer Paste mixen oder stampfen und in ein Schraubglas füllen. Die Currypaste ist mehrere Wochen bis Monate im Kühlschrank haltbar.

ERFAHRUNG

Diese Currypaste verführt mich mit ihren intensiven Aromen jedes Mal in ferne Länder. Ich verwende sie in Saucen zu gekeimten Falafel (siehe Seite 176) oder in Kimchi-Rollen (siehe Seite 178), aber auch in Currys (siehe Seite 214) bzw. für Curry-Reisnudeln mit Erdnüssen (siehe Seite 236).

ANMERKUNG

Das Rezept für die scharfe Paprika-Salsa findest du in meinem ersten Buch „Fermentista – Du brauchst nur Zeit und Liebe".

Zucchini-Relish

Pflanzlich – Rohkost – Glutenfrei – Laktosefrei

Portionen: 1-l-Glas
Zubereitungszeit: 10 Minuten

Zutaten:

- 1 kg fermentierte Zucchini ohne Lake (siehe Grundanleitungen Innenklappe)
- 1 Zwiebel
- 1 EL Zucker

Zubereitung:

Fermentierte Zucchini klein hacken oder in einer Küchenmaschine mit der Impulsfunktion so zerkleinern, dass kein Mus entsteht, sondern noch kleine Stücke darin sind. Gewürze von der Fermentation können dabei mitverarbeitet werden. Zwiebel klein hacken und mit dem Zucker unter die Zucchini mischen. Die Mischung in Schraubgläser füllen und kühl stellen. Das Relish ist sofort genießbar und hält sich mehrere Monate im Kühlschrank.

Variante:

Mische ein Currygewürz unter das Relish oder probiere es mit zu sauren und weich gewordenen fermentierten Gurken.

ERFAHRUNG

Das Relish-Rezept ist aus einer großen Menge von zu sauer und weich gewordenen fermentierten Zucchini entstanden, die zu schade waren, um sie in den Kompost zu geben.

ANMERKUNG

Ein Relish ist eine würzige Beilage oder Sauce, die aus gehackten oder zerkleinerten Gemüsesorten, Gewürzen, Essig und Zucker hergestellt wird. Es handelt sich um eine Art Chutney oder Pickles. Relishes können sowohl süß als auch pikant sein und werden oft als Geschmacksverstärker für Sandwiches, Hot Dogs, Burger und andere Speisen verwendet.

Typische Zutaten für Relishes sind Gurken, Zwiebeln, Paprika, Tomaten, Sellerie und verschiedene Gewürze wie Senfkörner, Kurkuma oder Knoblauch. Die Mischung aus süßen und herzhaften Aromen verleiht dem Relish seinen charakteristischen Geschmack.

Ich verwende das Relish gerne in Burger (siehe Seite 224) oder serviere es mit Crackers zu Käse

Getreide, Nüsse, Samen und Hülsenfrüchte fermentieren

Getreide, Nüsse, Samen und Hülsenfrüchte versorgen uns Menschen aufgrund ihrer guten Lagerfähigkeit schon seit sehr langer Zeit mit wichtigen Nährstoffen. Damit wir aber alle enthaltenen Nährstoffe gut aufnehmen können und uns die enthaltenen Antinährstoffe keine Probleme verursachen, ist es wichtig, sie richtig zuzubereiten.

Getreidekörner, Nüsse, Samen und Hülsenfrüchte werden grundsätzlich immer in Wasser eingeweicht, bevor sie weiterverarbeitet werden. Im Wasser bereiten sie sich darauf vor, zu einer neuen Pflanze erblühen zu können und beginnen ihre Schutzstoffe abzubauen und gleichzeitig ihre Nährstoffe freizusetzen. Dieser Vorgang funktioniert ohne Ansäuerung des Wassers oder mit Ansäuerung.

Nüsse und Samen sind nach dem Einweichen bereits sehr bekömmlich und es ist besser, sie nicht weiter zu erhitzen, damit keine wertvollen Inhaltsstoffe verloren gehen oder verändert werden.

Auch Getreidekörner können in Form eines eingeweichten Frischkorngerichts roh genossen werden. Dr. med. Max Otto Bruker empfiehlt in seinem Buch *Unsere Nahrung – unser Schicksal* sogar täglich eine Portion frisch geschrotetes, über Nacht eingeweichtes Getreide in roher Form zu essen, um ausreichend Vitalstoffe für die Verstoffwechselung in unserem Körper bereitzustellen. Eine weitere Möglichkeit Getreide zu fermentieren ist das Sauerteigbrot (siehe Seite 104) .

Hülsenfrüchte können nicht sofort nach dem Einweichen verzehrt werden, da die enthaltenen Antinährstoffe nicht ausreichend abgebaut werden. Sie können entweder gekeimt oder erhitzt werden, bevor sie genießbar sind. In vielen Ländern gibt es traditionelle Gerichte aus fermentiertem Getreide und/oder Hülsenfrüchten. Oft findet man die Kombination von Reis und Linsen, die getrennt voneinander über Nacht in Wasser eingeweicht und anschließend zu einem Teig gemixt werden, welcher ohne Starterkultur 12 bis 48 Stunden fermentiert wird, bevor er gedämpft oder gebacken wird. Die Rede ist hier vom indischen *Idli* oder *Dosa*.

Eine andere Art Hülsenfrüchte zu fermentieren ist, sie ebenfalls zuerst einzuweichen, anschließend zu kochen, abkühlen zu lassen und mit Schimmelpilzen zu impfen. Auf diese Art entstehen beispielsweise Tempeh, Miso oder Sojasauce. Dieses Thema ist sehr umfassend und würde ein gesamtes Buch füllen.

Hier möchte ich einfache und praktische Wege zeigen, mit welchen man Getreide, Nüsse, Samen und Hülsenfrüchte leichter verdaulich und schmackhaft zubereiten kann, ohne sich bestimmte Schimmelpilze besorgen zu müssen. Das funktioniert sehr gut mit Lake von fermentiertem Gemüse wie das beispielsweise bei den Rezepten für die würzigen Rohkostcrackers (siehe Seite 122), die Lakefrischcreme (siehe Seite 150) oder den fermentierten Sonnenblumenkernaufstrich (siehe Seite 152) der Fall ist.

Die guten Mikroben in der Lake sorgen dafür, dass die Antinährstoffe abgebaut werden, und die Ansäuerung schafft das richtige Milieu für die guten Bakterien und in Kombination mit den Gewürzen aus der Lake einen guten Geschmack. Auch der Kombucha eignet sich gut dafür, so wie ich ihn beispielsweise bei den Kombucha-Brötchen ohne Gluten (siehe Seite 126) oder dem rohen Buchweizen-Porridge (siehe Seite 132) verwende. Den Wasserkefir setze ich gerne für fermentierte Buchweizencrackers (siehe Seite 124) oder fermentierte Hafer-Amaranth-Brötchen (siehe Seite 128) ein, er verleiht den Brötchen einen milderen und etwas süßlichen Hefe-Geschmack.

Bei den Hülsenfrüchten kann die fermentierte Lake, der Kombucha oder ein anderes Ferment den Abbauprozess von Antinährstoffen beim Einweichen unterstützen, indem man einen Schuss davon in das Einweichwasser gibt. Die Lake von fermentiertem Gemüse eignet sich dazu, Hülsenfrüchten einen würzigen Geschmack zu verleihen. Dafür gibt man einen Teil Lake in das Kochwasser wie das beim Tomaten-Linsen-Aufstrich (siehe Seite 158) oder dem Linsen-*Tofu* (siehe Seite 170) der Fall ist.

Mit diesen Rezepten möchte ich Anregungen schaffen, auch selber kreativ zu werden. Es gibt viele Möglichkeiten die guten Mikroben in Kombination mit der Säure in der Küche einzusetzen. Wichtig ist, das richtige Verhältnis herauszufinden, damit der Geschmack nicht zu sauer wird.

Fermentierte Walnüsse

Pflanzlich – Rohkost – Glutenfrei – Laktosefrei

Portionen: 1 Glas
Zubereitungszeit: 15 Minuten
Einweichzeit: 12 Stunden
Dörrzeit: 24 Stunden

Zutaten:

Für die Walnüsse

- 1 kg Walnüsse ohne Schale
- 1 Schuss Kombucha zum Einweichen

Für die Paste

- 200 g Dattelpaste
- 100 g Kombucha
- 2 TL Gewürze (Zimt, Vanille ...)

Zubereitung:

Für die Walnüsse

Walnüsse in eine ausreichend große Schüssel geben, mit Wasser bedecken, einen Schuss Kombucha daruntermischen und abgedeckt bei Zimmertemperatur für 12 Stunden fermentieren lassen. Dabei darauf achten, dass die Walnüsse immer mit Wasser bedeckt sind. Anschließend Nüsse abgießen, abwaschen und abtropfen lassen.

Für die Paste

Dattelpaste mit Kombucha und Gewürzen vermischen und die Walnüsse damit einmassieren, sodass sich die Paste in den Poren der Nüsse verteilt. Walnüsse in einem Dörrgerät bei 40 °C für 24 Stunden trocknen, anschließend in ein Vorratsglas abfüllen und luftdicht verschließen.

Variante:

Probiere das Rezept mit Mandeln oder anderen Nüssen.

Fermentiertes Tomatenketchup

Pflanzlich – Glutenfrei – Laktosefrei

Portionen: 1 x 5-l-Bügelglas Tomaten = 2,5 l Ketchup
Zubereitungszeit: 60 Minuten
Fermentationszeit: 1–2 Wochen
Kochzeit: 5 Stunden

Zutaten:

Für die Fermentation der Tomaten

- 4,5 kg Tomaten
- 90 g Salz
- 5 Zwiebeln
- 5 Knoblauchzehen

Für das Ketchup

- 4,5 kg fermentierte Tomaten
- 500 g Zucker

Zubereitung:

Für die Fermentation der Tomaten

Tomaten klein schneiden und den Strunk entfernen. Zwiebeln und Knoblauch ebenfalls klein schneiden. Alles in eine große Schüssel geben, Salz hinzufügen und gut durchmischen. Ein sauberes 5-l-Bügelglas oder fünf Mal 1-l-Bügelgläser mit den Tomaten befüllen, mit Gummidichtung verschließen und für 1–2 Wochen bei Zimmertemperatur, ohne direkte Sonneneinstrahlung auf einem Untersatz fermentieren lassen. Eine Beschwerung ist hier nicht notwendig, sie würde zu Boden sinken. Meiner Erfahrung nach funktioniert die Fermentation auch gut ohne die Abdeckung mit einem Blatt. Der Untersatz ist wichtig, da die Tomaten beim Fermentieren durch das dabei entstehende Kohlendioxid meist überquellen. Wenn die fermentierten Tomaten nach 1–2 Wochen die gewünschte Säure erhalten haben, werden sie entweder sofort weiter zu Ketchup verarbeitet oder können bis zur weiteren Verarbeitung in einem Keller oder Kühlschrank kühl gestellt werden.

Für das Ketchup

Zucker in einen ausreichend großen Topf geben und bei geringer Hitze karamellisieren lassen. Die fermentierten Tomaten aus dem Glas hinzufügen und auf kleiner Flamme ohne Deckel auf die Hälfte einkochen lassen, bis die Masse die gewünschte Konsistenz hat. Das dauert ca. 5 Stunden. Das Ketchup fein pürieren. Gläser oder Flaschen und passende Schraubverschlüsse mit einem Fassungsvermögen von gesamt 2500 ml sterilisieren. Das Ketchup heiß abfüllen, verschließen und für ca. 10 Minuten bei 130 °C in den Backofen geben. So ist es für mehrere Monate bis zu einem Jahr haltbar.

ANMERKUNG

Fermentiertes Tomatenketchup hat durch die Säure aus der Fermentation ein besonders gutes süß-sauer-Verhältnis ohne Essig bei nur wenig Zugabe von Salz. Es sind keine Geschmacksverstärker und chemische Zusatzstoffe für die Haltbarkeit notwendig. Auch der Zucker hält sich in Grenzen und kann nach Geschmack angepasst werden.

ERFAHRUNG

Meine ersten Erfahrungen mit fermentierten Tomaten waren geschmacklich nicht sehr zufriedenstellend. Fermentierte Tomaten bekommen einen starken Eigengeschmack, den man mag oder nicht. Für mich war dieser Geschmack nicht sehr ansprechend und alle meine Gläser mit fermentierten Tomaten blieben übrig, bis ich sie zum Kompost gab. Aus diesem Grund kochte ich Tomaten lange Zeit zu einer Tomatensauce ein (siehe Seite 66), anstatt sie zu fermentieren.

Aufgrund von Tomatenschwemmen aus dem Gemeinschaftsgarten startet ich ein paar Jahr später ein neues Tomatenexperiment: Eingekochtes Tomatenketchup aus fermentierten Tomaten mit überraschend gutem Ergebnis und dem Vorteil, dass die Tomaten zu der Zeit, wenn es gerade viel aus dem Garten zu verarbeiten gibt, schnell im Glas sind zum Fermentieren und der Einkochprozess auch später im Winter in Ruhe erfolgen kann.

» TEXT
Die Geschichte
des Ketchups

TIPP

Das fermentierte Tomatenketchup passt nicht nur gut als Dip zu Pommes & Co. Es ist auch ein guter Ersatz für Tomatenmark und verleiht dem Gericht eine besonders gute Kombination aus Süße und Säure. Ich verwende es gerne als Tomatensauce mit Zwiebeln auf meiner Pizza (siehe Seite 230), in Burger (siehe Seite 224) oder als Basis für Tomatensauce wie bei den gefüllten Paprika (siehe Seite 242). Das Ketchup kann auf vielfältige Weise in der Küche eingesetzt werden und ist in meiner Küche als Basiszutat nicht mehr wegzudenken.

Tomatenketchup mit Kombucha

Pflanzlich – Glutenfrei – Laktosefrei

Portionen: ½-l-Glas
Zubereitungszeit: 10 Minuten
Fermentationszeit: 2–5 Tage

Zutaten:

- 200 g Tomatenmark
- 130 g saurer Kombucha
- 1 Prise Zimt
- 1 Prise Nelkenpulver
- 1 Prise Pfeffer
- 1 Prise Salz
- 3 EL Zucker

Zubereitung:

Alle Zutaten miteinander vermischen und in ein Glas füllen. Es sollten noch 1–2 cm Freiraum im Glas bleiben. Das Glas mit einem Küchentuch und Gummiring abdecken und für 2–5 Tage an einen Ort mit Raumtemperatur und ohne direkte Sonneneinstrahlung stellen. Sobald es den gewünschten Geschmack erreicht hat, ist es bereit für den Verzehr. Die Haltbarkeit richtet sich nach dem Geschmack. Im Kühlschrank ist es mehrere Wochen bis Monate haltbar, verändert jedoch mit der Zeit den Geschmack.

ANMERKUNG

Das ist die schnelle Variation eines fermentierten Tomatenketchups. Man spart sich hier das Fermentieren und Einkochen der Tomaten.

Rauchig süß-saure Tomatensauce

Pflanzlich – Glutenfrei – Laktosefrei

Portionen: 1 l Sauce
Zubereitungszeit: 40 Minuten
Backzeit: 50 Minuten
Kochzeit: 10 Minuten

Zutaten:

- 1 kg reife Tomaten
- 2 Zwiebeln
- 2 Datteln
- 1 TL geräuchertes Paprikapulver
- 1 Schuss saurer Kombucha
- Olivenöl
- Salz, Pfeffer

TIPP

Die Sauce ist sehr vielseitig. Sie passt gut zu Feta, Nudeln, Kartoffelnudeln, Quinoa, Reis, Sauerkraut und kann als Tomatensauce in vielen Rezepten verwendet werden wie beispielsweise beim Süßkartoffel-Linsencurry (siehe Seite 214).

Zubereitung:

Backofen auf 180 °C vorheizen. Tomaten waschen, Stiele entfernen und Tomaten klein schneiden. Zwiebeln schälen und klein schneiden. Datteln ebenso zerkleinern. Tomaten, Zwiebeln, Datteln, Paprikapulver und Kombucha in einer ofenfesten Form vermischen. Etwas Olivenöl, Salz und Pfeffer unterrühren und 50 Minuten backen, bis die Tomaten den Großteil ihrer Flüssigkeit verloren haben.

Die noch heißen Tomaten in einen Topf umfüllen, mit Hilfe eines Pürierstabs fein mixen, abschmecken und auf der Herdplatte nochmals kurz erhitzen. Gläser und Deckeln zum Abfüllen sterilisieren, die Sauce heiß in die Gläser abfüllen und bei 130 °C für 10 Minuten in den Backofen geben.

Sojafrischcreme

Pflanzlich – Glutenfrei – Laktosefrei

Portionen: Für 250 g Sojafrischcreme
Zubereitung: 5 Minuten
Abtropfzeit: 4–6 Stunden

ERFAHRUNG

Die Sojafrischcreme kann wie Topfen verwendet werden. Ich nutze sie gerne für ein pflanzliches Tsatsiki (siehe Seite 148). Die aufgefangene Flüssigkeit schmeckt gut als Smoothie gemixt mit frischen oder gefrorenen Beeren.

Zutaten:

- 500 g Soja-*Joghurt*

Zubereitung:

Soja-*Joghurt* mit Hilfe eines Nussmilchtuches oder anderen Tuches über einer Schüssel 4–6 Stunden abtropfen lassen.

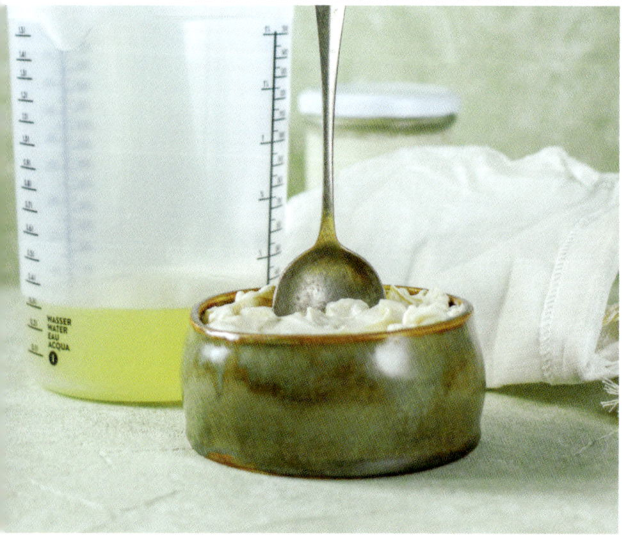

Kombucha-Marmelade

Pflanzlich – Glutenfrei – Laktosefrei

Portionen: 8 Gläser je 200 ml
Zubereitungszeit: 60 Minuten
Kochzeit: 20–40 Minuten

TIPP

Gib zu Beginn einen Teller in das Tiefkühlfach für die spätere Gelierprobe.

Zutaten:

- 1 kg Obst
- 500 g Zucker
- 100 g Kombucha
- 20 g Apfelpektin

Zubereitung:

Je nach Obstsorte das Obst waschen, evtl. entkernen und in einem großen Topf mit 450 g des Zuckers unter regelmäßigem Rühren bei mittlerer Flamme zu einem Mus kochen. Der Kochvorgang dauert je nach Obstsorte und Menge unterschiedlich lange. Das Obst darf nicht zu lange gekocht werden, weil es sonst die schöne Farbe und auch den guten Geschmack verliert. Die restlichen 50 g Zucker mit dem Apfelpektin vermischen und mit dem Kombucha unter das Obstmus rühren. Das funktioniert am besten mit einem Pürierstab. Die Marmelade weitere 5 Minuten unter Rühren einkochen, Gelierprobe machen und noch heiß in sterilisierte Gläser abfüllen und verschließen. Für eine bessere Haltbarkeit werden die Gläser abschließend für ca. 10 Minuten in das heiße (130 °C) Backrohr gegeben.

ANMERKUNG

In diesem Rezept ist keine Zugabe von Zitronensäure notwendig, da der Kombucha diese ersetzt. Zitronensäure wird in Marmelade aus verschiedenen Gründen verwendet. Einer der Hauptgründe ist, dass Zitronensäure als natürlicher Konservierungsstoff wirkt und die Haltbarkeit der Marmelade verlängern kann. Darüber hinaus hilft Zitronensäure auch dabei, den pH-Wert der Marmelade zu senken, was wiederum dazu beiträgt, das Wachstum von Bakterien und Schimmel zu verhindern. Zusätzlich hat Zitronensäure auch eine geschmacksverstärkende Wirkung und kann dazu beitragen, den Geschmack der Marmelade zu verbessern. Durch Zugabe von Zitronensäure wird die Marmelade zudem leicht sauer, was den Geschmack von süßen Früchten ausgleicht und eine angenehme Balance schafft.

Da Kombucha dieselbe Wirkung hat, muss keine Zitronensäure als Zusatz für die Marmelade verwendet werden.

ANMERKUNG

Beim Einkochen von Marmelade ist es wichtig, die Gläser zu sterilisieren. Anders als beim Fermentieren müssen bei dieser Haltbarmachungsmethode die Gläser von allen Bakterien und Keimen befreit werden, bevor sie befüllt werden, da durch den Einkochprozess keine guten Mikroorganismen mehr vorhanden sind, die das Lebensmittel vor schädlichen Bakterien oder Keimen schützen. Es gibt mehrere Möglichkeiten das zu tun. Eine ist, Gläser im Backofen zu sterilisieren. Dafür werden die Gläser mit heißem Wasser ausgespült und anschließend auf einem Backblech bei 130 °C für ca. 15 Minuten in den Backofen gestellt. Die Deckel werden mit kochendem Wasser kurz übergossen und dürfen nicht mit in den Backofen. Verwende zum Befüllen der Gläser Handschuhe oder lasse die Gläser etwas auskühlen. Achte darauf, dass du die Deckel und Gläser nach dem Reinigungsprozess an der Innenseite nicht mehr berührst. Verschließe die Gläser noch heiß und gib sie nochmals für ca. 10 Minuten in das heiße Backrohr.

Powidl

Pflanzlich – Glutenfrei – Laktosefrei

Portionen: 4 Gläser je 200 ml
Zubereitungszeit: 60 Minuten
Backzeit: 4,5 Stunden

Zutaten:

- 1 kg Zwetschken
- 100 g Zucker

Zubereitung:

Die Zwetschken waschen, entkernen und auf einem Backblech verteilen. Den Zucker untermischen, das Blech mit einem zweiten Blech abdecken und im Backrohr bei 170 °C für 30 Minuten backen. Das Abdeckblech entfernen, die Zwetschken umrühren und für weitere 160 °C für 2 Stunden backen. Anschließend die Hitze für weitere 2 Stunden reduzieren auf 150 °C. Während des Backvorgangs jede Stunde ein Mal umrühren.

Die Zwetschken haben nun sehr viel Flüssigkeit verloren und werden in einen Topf zum Pürieren und nochmaligen Erhitzen umgefüllt. Den Powidl noch heiß in sterilisierte Gläser abfüllen und verschließen.

Für eine bessere Haltbarkeit werden die Gläser abschließend für ca. 10 Minuten in das heiße (130 °C) Backrohr gegeben.

» TEXT
Die Geschichte des Powidl

ERFAHRUNG

Mit der Fermentation von Zwetschken und anderem Obst habe ich bisher keine guten Erfahrungen gemacht. Das Ergebnis ist meist ein sehr eigenartiger Geschmack, an den ich mich noch nicht gewöhnen konnte. Marmeladen und Powidl kommen in meiner Küche jedoch sehr oft zum Einsatz, daher sind sie auch ein wichtiger Bestandteil meines Vorratsraumes.

ANMERKUNG

Powidl ist eine traditionelle österreichische Fruchtmarmelade aus Zwetschken. Sie wird durch Kochen von reifen Zwetschken ohne Zugabe von Zucker oder anderen Zutaten hergestellt, bis die Marmelade eine dunkelbraune Farbe und eine dicke, cremige Konsistenz erreicht hat. Powidl hat einen intensiven fruchtigen Geschmack und wird oft als Füllung für süße Speisen wie Palatschinken, Strudel oder Germknödel verwendet. Er ist auch als Brotaufstrich beliebt.

Pesto

Pflanzlich – Rohkost – Glutenfrei – Laktosefrei

Portionen: 1 Glas je 200 ml
Zubereitungszeit: 20 Minuten

Zutaten:

- 100 g Kräuter
- 100 g Olivenöl
- ½ TL Salz

Zubereitung:

Kräuter waschen, trocken schleudern und mit Salz und Olivenöl mixen, in ein Glas füllen und darauf achten, dass die Masse immer mit Öl bedeckt ist. Hält sich im Kühlschrank für mehrere Monate.

TIPP

Wird das Pesto vor der Verwendung mit Nussmus oder der Lakefrischcreme (siehe Seite 150) verfeinert, wird es besonders cremig. Es schmeckt gut in jedem Aufstrich, auf das Brot unter Mozzarella und Tomaten und verfeinert jede Pizza oder kann einfach unter Pasta gemischt werden.

TIPP

Regelmäßiges Ernten von Kräutern verzögert die Blütezeit und lässt sie schön buschig wachsen. Dazu darf man nicht immer nur einzelne Blätter ernten, sondern schneidet die Stiele mit einem scharfen Messer bis kurz oberhalb eines Blätterpaars zurück, damit es von dort aus wieder austreiben kann.

ERFAHRUNG

Viele Kräuter verändern bei der Fermentation ihren Geschmack. Manche verlieren ihren speziellen Geschmack und entwickeln sehr starke Bitterstoffe. Andere werden sehr intensiv, wie beispielsweise die Minze. Aus diesem Grund bereite ich aus Kräutern gerne Pestos für die Vorratshaltung zu. So erhalten sie ihren besonderen Geschmack sehr lange, sind schnell in der Küche einsetzbar und halten mehrere Monate bis zu einem Jahr. Für die lange Haltbarkeit ist es wichtig, die Kräuter nur mit Öl und Salz, ohne Nüsse oder Samen, zu verarbeiten. Am liebsten mag ich Pestos aus Bärlauch und Schnittlauch.

Wer schon einmal probiert hat Bärlauch zu fermentieren, hat vielleicht ein ähnlich enttäuschendes Ergebnis bekommen wie ich. Die Fermentation funktioniert gut und der fermentierte Bärlauch hält sich auch sehr lange und ist bestimmt sehr gesund. Leider schmeckt er fermentiert nicht mehr gut für mich. Er schmeckt hauptsächlich bitter.

Dukkah-Gewürz

Pflanzlich – Glutenfrei – Laktosefrei

Portionen: 1 Glas
Zubereitungszeit: 10 Minuten
Backzeit: 10 Minuten

Zutaten:

- ½ Handvoll Haselnüsse
- 2 EL Koriandersamen
- 2 EL Sesamsamen
- 1 EL Kreuzkümmel
- ½ TL Fenchelsamen
- ½ EL schwarze Pfefferkörner
- 1 TL getrocknete Minze
- ½ TL Salz

Zubereitung:

Haselnüsse, Koriandersamen, Sesamsamen, Kreuzkümmel, Fenchelsamen und schwarze Pfefferkörner in einer beschichteten Pfanne ohne Öl unter Rühren 5–10 Minuten erwärmen und anschließend kurz abkühlen lassen. Die angerösteten Nüsse, Samen und Gewürze mit der Minze und dem Salz in einem Mixer fein mahlen.

ERFAHRUNG

Die Gewürzmischung harmoniert sehr gut mit der Säure von fermentiertem Gemüse und darf daher in meiner Vorratsküche nicht fehlen.

ANMERKUNG

Dukkah-Gewürz ist eine Gewürzmischung aus der ägyptischen Küche, die aus gerösteten Nüssen (meistens Haselnüsse), Sesam, Gewürzen und manchmal Kräutern besteht. Die Zutaten werden traditionell grob gehackt oder gemahlen, um eine texturierte Mischung zu erzeugen, die man dann in Olivenöl dippen oder über Gerichte streuen kann. Die genaue Zusammensetzung von Dukkah kann je nach Region und Geschmack variieren, aber typischerweise enthält es neben gerösteten Haselnüssen und Sesam auch Gewürze wie Kreuzkümmel, Koriander, Fenchel und Pfeffer. Einige Versionen können Zimt, Ingwer oder andere Aromen enthalten. Dukkah wird oft als Würze für Salate, Gemüse, gegrilltes Fleisch oder Fisch, oder als Dip für Brot und Gemüse verwendet. Es ist eine beliebte Zutat in der modernen Küche und kann in verschiedenen Gerichten wie Hummus, Käse oder als Kruste für Fleisch oder Fisch verwendet werden.

Verwendungs-möglichkeiten von saurem Kombucha

Verwendungsmöglichkeiten von saurem Kombucha

Wer regelmäßig Kombucha zuhause braut, hat nach einer Kombucha-Pause oder nach einem Urlaub auch immer wieder sehr sauren Kombucha auf Lager. Für sauren Kombucha gibt es viele Verwendungsmöglichkeiten. Die Verwendung ist aufgrund des hohen Essigsäureanteils vergleichbar mit Essig. Hier möchte ich vorstellen, wofür ich sauren Kombucha gerne nutze.

Schmeckt dein Kombucha sauer wie Essig? Verwende ihn wie Essig in deinem Salat. Ich kombiniere ihn dazu gerne mit etwas Honig, Dattelsirup oder einer fruchtigen Kombucha-Marmelade (siehe Seite 69). Ein gutes Öl dazu, gut durchmischen und fertig ist ein Dressing, von dem bestimmt nichts in der Schüssel übrig bleibt.

Das schnelle Salatdressing für jeden Tag.

TIPP

Ist dein Kombucha noch nicht sauer genug, ergänze dein Dressing mit Apfelessig. Auch etwas Senf schmeckt sehr gut im Dressing.

Salat-Dressing

Rohkost – Glutenfrei – Laktosefrei

Portion: 400 ml
Zubereitungszeit: 5 Minuten

Zutaten:

- 300 ml saurer Kombucha
- 100 ml Olivenöl oder Leinöl
- 1 EL Honig
- 1 Prise Salz
- 1 Prise Pfeffer

Zubereitung:

Gib alle Zutaten in eine Flasche und schüttle sie gut, bevor du sie über den Salat gibst.

ERFAHRUNG

Salat muss im Alltag schnell und einfach gehen. Darum habe ich neben fermentiertem Gemüse auch immer dieses Dressing fertig in meinem Kühlschrank. Für einen guten Salat brauche ich nur noch zusätzlich ein paar grüne Blätter. Das kann ein Blattsalat sein, Rucola oder eine Mischung aus Wildkräutern, die ich schnell mal aus dem Garten hole. Wenn ich gerade Sprossen gezogen habe, kommen diese auch mit in den Salat. Und natürlich auch immer ein paar Esslöffeln fermentiertes Gemüse. Damit alles Platz hat, nehme ich immer eine große Schüssel dafür. Dieser Salat jeden Tag genossen weckt die Lebensfreude.

Fermentierte Mango-Creme

Pflanzlich – Rohkost – Glutenfrei – Laktosefrei

Portionen: ½-l-Glas
Zubereitungszeit: 10 Minuten
Einweichzeit: 12–24 Stunden

Zutaten:

- 100 g getrocknete Mangos
- 300 ml Kombucha
- Flohsamenschalen

Zubereitung:

Getrocknete Mangos und Kombucha in ein Glas geben und 12–24 Stunden abgedeckt im Kühlschrank ziehen lassen. Am besten ein Glas nehmen, in den ein Pürierstab passt. Die eingeweichten Mangos mit einem Pürierstab cremig mixen. Bei Bedarf noch Kombucha oder Flohsamenschalen hinzufügen. Die fermentierte Mango-Creme hält sich im Kühlschrank mehrere Wochen.

TIPP

Die Mango-Creme macht sich in jedem Schichtdessert oder als Dessert-Topping sehr gut. Du kannst sie auch mit einem Joghurt vermengen oder unter das Müsli mischen für eine besonders erfrischende Geschmacksnote.

ERFAHRUNG

Ich verwende für diese Creme nicht zu sauren Kombucha, damit sie schön fruchtig bleibt.

Fermentiertes Apfelmus

Pflanzlich – Rohkost – Glutenfrei – Laktosefrei

Portionen: ¾-l-Bügelglas
Zubereitungszeit: 15 Minuten
Fermentationszeit: 1–3 Tage

Zutaten:

- 500 g Äpfel
- 30 g Zucker
- 60 ml Kombucha
- ½ TL Salz
- Gewürze nach Geschmack (Zimt, Vanille, Nelken …)

TIPP

Das Apfelmus mit Haferflocken im Verhältnis 3:1 mischen und über Nacht quellen lassen. Die Apfelmus-Haferflocken schmecken besonders gut mit Cottage Cheese und Haselnussmus garniert.

Zubereitung:

Alle Zutaten zu einem Mus mixen und in ein sauberes Bügelglas füllen. Das Bügelglas ohne Gummiring verschließen und das Apfelmus bei Zimmertemperatur ohne direkte Sonneneinstrahlung 1–3 Tage fermentieren lassen. Es bildet in dieser Zeit Kohlensäure und beginnt zu blubbern.

Wenn das Apfelmus eine angenehme Säure erreicht hat, kann es sofort genossen oder luftdicht verschlossen im Kühlschrank gelagert werden. Dort ist es mehrere Tage bis Wochen haltbar und verändert während der Lagerung seinen Geschmack.

Fermentiertes Apfelmus hat einen intensiv süß-säuerlichen Geschmack und prickelt auf der Zunge – eine wahre Gaumenfreude.

Kombucha-Chutney

Pflanzlich – Rohkost – Glutenfrei – Laktosefrei

Portionen: ½-l-Glas
Zubereitungszeit: 10 Minuten
Fermentationszeit: 24 Stunden

Zutaten:

- 1 Zwiebel
- 100 g Trockenfrüchte (Mangos, Feigen …)
- 200 ml saurer Kombucha

Zubereitung:

Die Trockenfrüchte und die Zwiebel kleinwürfelig schneiden, mit dem sauren Kombucha vermischen und das Chutney in einem Glas luftdicht verschlossen 24 Stunden im Kühlschrank durchziehen lassen. Schon ist das Chutney fertig. Es hält sich im Kühlschrank mehrere Wochen.

TIPP

Kombucha-Chutney passt überall dort, wo eine süß-säuerliches Topping gefragt ist. Probiere es im Burger, in einem Schichtsalat, zu Ofengemüse, mit Crackers, in Frühlingsrollen mit Sprossen und gesalzenen Erdnüssen oder zu Reis und Halloumi. Da es wirklich sehr lange hält, kannst du es in kleinen Mengen zu all deinen Lieblingsgerichten ausprobieren und selber entscheiden, wozu es dir am besten schmeckt.

Kombucha-Rosinen

Pflanzlich – Rohkost – Glutenfrei – Laktosefrei

Portionen: ¼-l-Glas
Zubereitungszeit: 5 Minuten
Einweichzeit: 4–12 Stunden

Zutaten:

- 100 g Rosinen
- 100 ml saurer Kombucha

Zubereitung:

Rosinen mit Kombucha bedecken und 4–12 Stunden luftdicht verschlossen im Kühlschrank ziehen lassen. Kombucha-Rosinen können auf Vorrat zubereitet werden und sind mehrere Wochen haltbar.

Variante:

Anstatt der Rosinen können auch andere Trockenfrüchte verwendet werden. Bei Kombucha-Dörrzwetschken ersetze ich einen Teil des Kombuchas mit Rum. Die damit aufgesaugten Zwetschken passen sehr gut zu Vanilleeis und anderen Desserts.

TIPP

Kombucha-Rosinen passen gut in Rohkostsalate aus frischem und fermentiertem Gemüse (siehe Grundanleitungen Innenklappe). Sie schmecken gut im Couscous oder in Reisgerichten.

Reinigung in der Küche

Kombucha putzt nicht nur den Organismus durch, er hält auch die Küche sauber. Wenn der Kombucha genügend Säure hat und keinen Restzucker mehr aufweist, funktioniert er gut als Reinigungsmittel. Vor allem löst er den Kalk in der Spüle oder im Wasserkocher in nur kurzer Zeit. Auch Kalk- und Schmutzränder in Vasen, Karaffen, Flaschen, Gläsern usw. lassen sich mit ihm mühelos entfernen. Dabei ist er mit seinen vielen guten Mikroorganismen auch für die Umwelt eine Bereicherung.

ERFAHRUNG

Eine Flasche saurer Kombucha steht in meiner Küche immer bereit zum Putzen und für alle anderen beschriebenen Anwendungen.

Einweichen von Getreide, Nüssen, Samen und Hülsenfrüchten

Fast alle Getreidesorten, Nüsse, Samen und vor allem Hülsenfrüchte enthalten Antinährstoffe, durch die sich die Pflanze schützt. Es ist aus mehreren Gründen besser, diese Stoffe abzubauen, bevor wir die Körner essen. Dafür werden sie eingeweicht. Mit einem Schuss lebendigem Kombucha funktioniert dieser Abbauprozess noch besser. Auf Seite 54 unter *Getreide, Nüsse, Samen und Hülsenfrüchte fermentieren* findest du weitere Infos dazu.

„Trinkwasseraufwertung“

Über Wasserqualität und Trinkwasseraufbereitung gibt es eigene Bücher und Experten. In diesem Buch möchte ich nicht näher darauf eingehen. Wichtig ist mir jedoch die Betonung des reinigenden Effektes von Kombucha. Daher mein Tipp: Gib einen Schuss sauren Kombucha in dein Trinkwasser für eine verbesserte Wasserqualität.

„Sprossenbad“

Immer wieder hört oder liest man, dass Sprossenziehen gefährlich ist, da sich schnell unerwünschte Keime bilden, die gesundheitsschädlich sind. Hygiene beim Sprossenziehen ist natürlich wichtig, aber auch kein Hexenwerk. Ich empfehle Sprossengläser mit rostfreiem Edelstahlsieb und regelmäßiges Spülen während der Aufzucht. Sehr einfach funktioniert das, wenn das Sprossenglas in der Küche nicht weit entfernt von der Spüle platziert ist. So wird man immer daran erinnert, wenn man in die Küche geht, und die Spülung der Sprossen dauert weniger als eine Minute. Das ist eine gute Zeit zum bewussten Durchatmen während dem Spülen.

Sind die Sprossen bereit zum Verzehr, können sie jederzeit direkt aus dem Sprossenglas genossen werden, da sie ja regelmäßig gespült werden. Möchte man die Sprossen für ein paar Tage im Kühlschrank aufbewahren, empfehle ich ein *Sprossenbad* für eine bessere Haltbarkeit. Dafür werden die Sprossen in eine Salatschleuder gegeben, welches mit Wasser und einem Schuss saurem Kombucha aufgefüllt wird. Darin dürfen die Sprossen für ein paar Minuten baden und werden dabei gereinigt, leicht angesäuert und mit guten Mikroorganismen angereichert, die sie schützen.

Die abgefallenen Samenschalen steigen an die Oberfläche und können mühelos mit den Händen über den Rand gekippt werden. Dabei ist es wichtig, den Abfluss mit dem Sieb vom Sprossenglas zu schützen, damit die Samenschalen nicht den Abfluss verstopfen. Anschließend wird das Wasser abgegossen und die Sprossen trocken schleudern. So können sie für ein paar Tage im Kühlschrank gelagert werden.

TIPP

Bewahre deine Sprossen im Kühlschrank in einem Glasbehälter auf und verschließe diesen nicht luftdicht. Lege den Deckel nur auf den Behälter auf, sodass die restliche Feuchte entweichen kann. Gib außerdem ein Küchentuch unter die Sprossen, welches die Feuchtigkeit am Boden aufsaugt.

Ansatzflüssigkeit

Saurer Kombucha ist immer eine gute Ansatzflüssigkeit für die 1. Kombucha-Fermentation. Alle Infos zur Kombucha-Fermentation und die Grundanleitungen für die 1. und 2. Fermentation findest du in meinem ersten Buch *Fermentista – Du brauchst nur Zeit und Liebe* und in der Innenklappe. Die Ansatzflüssigkeit bei der Kombucha-Fermentation sorgt von Anfang an für das richtige Milieu für die guten Mikroorganismen im Scoby. So fühlt er sich in seinem neuen Zuhause sofort wohl und bekommt zum Start einen Wettbewerbsvorteil gegenüber unerwünschten Mikroorganismen.

Bei der Verwendung von saurem Kombucha für die Ansatzflüssigkeit reichen ca. 10 % der Gesamtflüssigkeit. Ist der Ansatz-Kombucha noch milder, werden zum Ansäuern 20 % oder mehr davon benötigt. Es hat auch den Vorteil, dass der gesamte Kombucha aus der 1. Fermentation weiter für die 2. Fermentation verwendet werden kann.

Würzen

Saurer Kombucha hat einen intensiven Geschmack und kann wie Essig zum Würzen verwendet werden. Neben der bereits beschriebenen Verwendung im Salatdressing können das auch andere Marinaden sein, mit welchen man Fleisch, Fisch oder Gemüse vor dem Kochen einweicht. Fleisch wird dadurch zarter und bekommt einen guten Geschmack. Saurer Kombucha sorgt außerdem für eine angenehme Säure in Saucen, Chutneys und Salsas. Und wenn die Suppe oder das Curry fad schmeckt, rühre abschließend einen Schuss sauren Kombucha unter. Du wirst begeistert sein.

ERFAHRUNG

Frische Zitronen habe ich nicht immer zuhause, da ich für mein Zitronenaroma in Gerichten die lange haltbare Salzzitronen-Paste verwende. Darum bin ich sehr dankbar, dass ich zum „Säuern" von Äpfeln beim Kochen von Apfelstrudel & Co., den ich gerne schnell mal zubereite, ohne vorher einkaufen fahren zu müssen, sauren Kombucha verwenden kann. Er sorgt gleichzeitig auch immer für eine angenehme Säure in meinem Strudel.

Äpfel „säuern"

Damit geschnittene Äpfel bis zur weiteren Verwendung nicht braun werden, wird oft Zitronensaft verwendet, der den pH-Wert des Apfels senkt und so die enzymatische Bräunung verlangsamt.

Dieser Vorgang wird auch als *säuern* der Äpfel bezeichnet. Saurer Kombucha bewirkt dasselbe und kann statt Zitronensaft verwendet werden.

Haarspülung

TIPP

Wenn du sauren Kombucha oder Essig als Haarspülung verwenden möchtest, verdünne ihn mit Wasser. Ein gängiges Verhältnis ist eine Tasse Wasser gemischt mit einem Esslöffel saurem Kombucha oder Essig. Du kannst die Mischung nach dem Shampoonieren auf das nasse Haar auftragen, einmassieren und dann gründlich ausspülen.

Saurer Kombucha kann wie Essig tatsächlich als Haarspülung verwendet werden. Die Essigsäure hat einige vorteilhafte Eigenschaften für das Haar und die Kopfhaut. Der niedrige pH-Wert kann dazu beitragen, das Haar zu glätten, Frizz zu reduzieren und den Glanz zu verbessern. Saurer Kombucha oder Essig können dabei helfen überschüssiges Öl im Haar zu entfernen, die Kopfhaut zu beruhigen und Schuppenbildung und Irritationen zu reduzieren.

Es ist wichtig zu beachten, dass saurer Kombucha oder Essig möglicherweise nicht für jeden Haartyp geeignet sind. Menschen mit trockenem oder strapaziertem Haar können feststellen, dass Essig das Haar weiter austrocknet.

Verwendungs-möglichkeiten von fermentierter Lake

Verwendungsmöglichkeiten von fermentierter Lake

Die Lake von fermentiertem Gemüse ist sehr wertvoll. Sie ist voll mit guten Aromen, Vitalstoffen und lebendigen Bakterien, die sich in der basisch wirkenden Milchsäure wohlfühlen. Es wäre schade, diese Flüssigkeit zu verschwenden, nachdem das fermentierte Gemüse aufgegessen ist. Vor allem bei der Lake-Technik bleibt immer etwas von der Flüssigkeit übrig, die gleich ausgetrunken oder weiterverwendet werden kann. Das Trinken der sauren Lake ist nicht jedermanns Sache, vor allem zu Beginn schmeckt sie einem meist zu sauer. Nach einer gewissen Fermentier-Eingewöhnungsphase kann es durchaus vorkommen, dass man Lust darauf bekommt, die Lake sofort auszutrinken.

Für den Fall, dass dir Lake übrig bleibt, habe ich hier ein paar Ideen für dich und wer weiß vielleicht fermentierst du dein Gemüse sogar bald mit dem Ziel, Lake zu bekommen.

Crackers

Die Säure und Würze aus der Lake sorgen bei Crackers immer für einen besonderen Geschmack mit einer guten Säure. Dabei ist es meist nicht notwendig, zusätzliches Salz hinzuzufügen. Probiere beispielsweise die würzigen Rohkostcrackers (siehe Seite 122) oder die fermentierten Buchweizencrackers (siehe Seite 124). Diese sind im Rezept mit Wasserkefir zubereitet, wodurch sie einen milderen Geschmack haben. Sie können aber auch mit Lake aus fermentiertem Gemüse zubereitet werden und werden dadurch würziger und säuerlicher. Lass dich von meinen Ideen inspirieren und entwickle dein eigenes Lieblings-Cracker-Rezept.

Aufstriche

Der einfachste und beste Aufstrich besteht aus Cashewkernen und fermentierter Lake (siehe Seite 150). Die Lake von den Cashews aufsaugen lassen, so werden sie weich und bekommen einen guten Geschmack. Für den Aufstrich müssen sie nur mehr gemixt werden.

Die Verwendung von Cashewkernen macht die Zubereitung sehr einfach, da sie normalerweise nicht vor dem Verzehr eingeweicht werden müssen und daher die Lake nicht gewechselt werden muss. Im Gegensatz zu vielen anderen Nüssen, Samen und Kernen enthalten Cashews keine nennenswerten Mengen an Phytinsäure, welche die Aufnahme von Mineralstoffen im Körper hemmen kann.

Werden beispielsweise Sonnenblumenkerne anstatt der Cashews verwendet, empfehle ich, das erste Einweichwasser aufgrund der enthaltenen Antinährstoffe wegzugeben. Eine Anleitung dafür findest du bei dem Rezept für den fermentierten Sonnenblumenkernaufstrich (siehe Seite 152).

Würzen

Fermentierte Lake schmeckt auch gut im Salatdressing und bringt eine gute Säure in Suppen, Eintöpfe und Currys. Schmeckt deine Suppe noch langweilig, gib einen Schuss fermentierte Lake dazu und du wirst von dem Ergebnis begeistert sein. Pass aber mit der Menge der Lake auf, damit das Gericht nicht zu sauer wird. Die Zugabe von Salz kannst du dir damit sparen. In diesem Buch findest du genaue Anleitungen dazu unter der Rubrik *Suppen, Eintöpfe und Currys* (siehe Seite 197).

TIPP

Für pikante Nüsse und Samen zum Knabbern, weiche diese in fermentierter Lake für 4–12 Stunden ein, gieße anschließend die überschüssige Lake weg, würze sie bei Bedarf noch mit Sojasauce, Kräutern und/oder Gewürzen und trockne sie im Dörrgerät oder im Backofen.

Einweichen von Getreide, Nüssen, Samen und Hülsenfrüchten

Wie der saure Kombucha, kann auch die Lake von fermentiertem Gemüse zum Einweichen von Getreide, Nüssen, Samen und Hülsenfrüchten verwendet werden, um die enthaltenen Antinährstoffe besser abzubauen. Dafür einen Schuss fermentierte Lake in das Einweichwasser geben. Auf Seite 54 unter *Getreide, Nüsse, Samen und Hülsenfrüchte fermentieren* findest du weitere Infos dazu.

Kochen von Hülsenfrüchten

Hülsenfrüchte schmecken ohne Säure langweilig. Darum passen sie im Allgemeinen sehr gut zu fermentiertem Gemüse. Werden Hülsenfrüchte mit einem Teil Wasser und einem Teil fermentierter Lake bereits gekocht, nehmen sie die Säure gut auf und schmecken hervorragend für den sofortigen Verzehr oder zum Weiterverarbeiten in Aufstrichen und andere Gerichten. Anleitungen dazu findest du beispielsweise bei den knusprigen Linsen (siehe Seite 164), beim Tomaten-Linsen-Aufstrich (siehe Seite 158), bei den gelben Linsen-Bällchen (siehe Seite 156), beim Linsen-*Tofu* (siehe Seite 170), bei der zitronigen Linsensuppe (siehe Seite 208) oder beim Süßlupinen-Linsen-Dal (siehe Seite 219).

Couscous

Die einfachste und schmackhafteste Zubereitung von Couscous funktioniert mit fermentierter Lake. Dabei muss der Couscous nicht gekocht werden. Er wird einfach im Verhältnis 1:3 mit fermentierter Lake vermischt und für 6–12 Stunden in den Kühlschrank gestellt. Für 1 Teil Couscous werden 3 Teile Lake benötigt. Der Couscous saugt die Lake auf und wird dadurch angenehm säuerlich und würzig. Ich nutze ihn auf diese Weise gerne für Schichtsalate wie beispielsweise bei dem Rezept für den fermentierten Couscous-Radieschen-Schichtsalat (siehe Seite 192).

TIPP

Bei Verwendung einer Rote-Rüben-Lake oder anderen farbenfrohen Laken, bekommt auch der Couscous nicht nur einen guten Geschmack, sondern auch eine wunderschöne Farbe.

Nudeln

Auch Nudeln können mit einem Teil Lake für einen besonderen Geschmack gekocht werden. Da ich einfache Rezepte liebe, koche ich Nudeln gerne in einem Topf mit allen Zutaten auf einmal. Dieses Gericht wird auch *One-Pot-Pasta* genannt (siehe Seite 234).

Basisteige, Crackers und Brote

Einfaches Roggenvollkorn-Sauerteigbrot

Pflanzlich – Laktosefrei

Portionen: 1 Laib Brot
Zubereitungszeit: 30 Minuten
Fermentationszeit Vorteig: 8–12 Stunden
Fermentationszeit Hauptteig: 12–36 Stunden
Backzeit: 50 Minuten

Zutaten:

Für den Vorteig

- 30 g aktiver Sauerteig
- 150 ml lauwarmes Wasser
- 150 g Roggenvollkornmehl

Für den Hauptteig

- 315 g Vorteig (15 g vom Vorteig kommen als Sauerteigstarter in den Kühlschrank)
- 380 ml lauwarmes Wasser
- 500 g Roggenvollkornmehl
- 12 g Salz

Zum Formen des Brotes

- Buchweizenmehl

Zubereitung:

Damit das Leben im Sauerteig ausreichend aktiv ist, ist es wichtig den Sauerteigstarter rechtzeitig aus dem Kühlschrank zu nehmen und anzufüttern. Wie man einen Sauerteigstarter herstellt und viele wichtige Infos und Tipps dazu sind in meinem ersten Buch *Fermentista. Du brauchst nur Zeit und Liebe* beschrieben.

Für den Vorteig

Zuerst den aktiven Sauerteig mit dem Wasser in einer Schüssel verrühren, um die Bakterien gut zu verteilen. Anschließend das Mehl unterrühren. Den Vorteig abdecken, damit er nicht austrocknet und an einem warmen Ort 8–12 Stunden fermentieren lassen. Sobald sich der Teig verdoppelt hat, ist er bereit für den Hauptteig. Hier nicht vergessen, etwas Sauerteig in ein Schraubglas zu geben und im Kühlschrank als Starter für das nächste Brot aufzubewahren.

Für den Hauptteig

Ebenfalls wird zuerst der Vorteig mit dem Wasser verrührt und erst dann das Mehl und das Salz untergerührt. Da der Roggen nur wenig Gluten enthält, ist es nicht nötig, den Teig lange zu kneten, da sich keine Glutenstränge bilden können, so wie das beispielsweise bei Weizenmehl der Fall ist. Der Teig ist sehr klebrig, darum ist es besser ihn mit einem Kochlöffel oder Teigschaber zu verrühren. Wichtig ist, dass keine Mehlklümpchen mehr im Teig zu sehen sind und es eine homogene Masse ist.

Das Brot formen

Einen Gärkorb oder eine Schüssel, die Arbeitsfläche und die Hände mit Buchweizenmehl bestäuben und den Teig auf die bemehlte Arbeitsfläche geben. Das Mehl nicht einkneten, es dient lediglich dazu, den klebrigen Teig zu einem Laib formen zu können. Das Buchweizenmehl bleibt somit an der Außenfläche des Brotes. Es kann dafür auch ein anderes Mehl ohne oder mit wenig Gluten verwendet werden wie beispielsweise Reismehl oder Roggenmehl. Den geformten Teig in den bemehlten Gärkorb oder die bemehlte Schüssel geben und gut abdecken, damit er nicht austrocknet. Ich gebe die Schüssel dafür in einen Tortenbehälter. Nun darf er für 12–36 Stunden im Kühlschrank fermentieren. Durch die Teigführung im Kühlschrank muss der Teig nicht auf die Minute gebacken werden, sondern kann in einem größeren Zeitfenster eingeplant werden.

Das Brot backen

Das Brot 3–4 Stunden vor dem Backen aus dem Kühlschrank nehmen und an einem warmen Ort nochmals aufgehen lassen, bis es Risse an der Oberfläche bekommen hat. Es gibt nun mehrere Möglichkeiten, um das Brot zu backen. Wichtig ist, dass das Backrohr mit dem Backblech gut vorgeheizt wird. Es ist nun möglich beim Vorheizen und zu Beginn des Backvorgangs eine Schüssel mit Wasser für den Wasserdampf mit in den Ofen zu geben. Sehr gut eignet sich auch ein Gusseisentopf mit Deckel dafür, dann ist keine Schüssel mit Wasser notwendig. Das Backrohr mit dem Gusseisentopf für 20 Minuten bei 250 °C vorheizen und das Brot in das heiße Gusseisen geben. Der Gusseisentopf wird sehr heiß, daher ist es wichtig ihn mit ausreichend hitzebeständigen Topfhandschuhen anzufassen. Den Deckel daraufgeben und das Brot darin für 25 Minuten bei 250 °C mit Deckel backen. Den Deckel mit den Handschuhen entfernen und das Brot bei 220 °C für weitere 15 Minuten ohne Deckel backen. An der Stelle, an der der Deckel vom Gusseisen entfernt wird, würde auch die Schüssel mit Wasser aus dem Ofen entfernt, falls kein Gusseisentopf verwendet wird. Die Hitze auf 180 °C reduzieren und das Brot für weitere 5–10 Minuten backen. Ob das Brot fertig gebacken ist, erkennt man daran, dass es hohl klingt, wenn man an der Unterseite klopft. Falls das nicht der Fall sein sollte, wird das Brot bei 180 °C fertig gebacken.

Die Backzeiten für die doppelte Teigmenge sind: 30 Minuten bei 250 °C mit Deckel, 30 Minuten bei 220 °C ohne Deckel und 15 Minuten bei 180 °C ohne Deckel.

Das Brot auskühlen lassen und anschneiden

Bevor das Brot angeschnitten werden kann, muss es vorher auf einem Gitterrost vollständig auskühlen. Kühlt das Brot über Nacht aus, wird es mit einem Küchentuch abgedeckt. Das Brot bleibt sehr lange saftig und beginnt auch nicht so schnell zu schimmeln. Richtig gelagert ist es eine ganze Woche lang sehr gut genießbar.

ERFAHRUNG

Es erfordert eine gewisse Übung und Routine, um das tägliche Brot zuzubereiten und den Sauerteig am Leben zu erhalten. Ich bewahre eine kleine Menge von 15 g meines Sauerteigs im Kühlschrank auf und backe ein Mal pro Woche Brot oder verwende ihn für ein anderes Rezept, um ihn aktiv zu halten. Zum Aktivieren gebe ich ihn am Abend vor der Brotzubereitung aus dem Kühlschrank und füttere ihn mit je 7,5 g lauwarmem Wasser und 7,5 g Roggenvollkornmehl. Damit bekomme ich genau die richtige Menge Sauerteigstarter für dieses Brot und es fällt kein Überschuss an. Wenn ich für ein Rezept eine größere Menge Sauerteigstarter benötige, weil ich beispielsweise die doppelte Menge Brot backen möchte, gebe ich den Sauerteigstarter bereits am Vormittag aus dem Kühlschrank und füttere ihn zwei Mal an. Am nächsten Tag bereite ich am frühen Vormittag den Vorteig zu und am Abend den Hauptteig. Das Brot backe ich dann am nächsten oder übernächsten Tag. Beim Sauerteigbrotbacken ist nicht die absolute Arbeitszeit die Herausforderung, sondern das richtige Timing, und das erfordert Übung. Sobald man den Prozess in den Alltag gut integriert hat, bäckt sich das Brot fast von alleine.

ANMERKUNG

Das tägliche Brot spielt schon lange eine bedeutende Rolle in unserer Ernährung. Im vollen Korn stecken viele wichtige Nähr- und Vitalstoffe, die unser Körper täglich für einen guten Stoffwechsel benötigt. Entscheidend ist, dass das Brot aus dem vollen Korn, am besten frisch vermahlen, zubereitet wird. In einem Brot aus Auszugsmehl fehlen die Ballaststoffe sowie viele wichtige Nähr- und Vitalstoffe, die dem Körper bei der Verstoffwechslung entzogen werden müssen und uns mit der Zeit krank machen. Der tägliche Verzehr von Auszugsmehlen trägt einen wesentlichen Beitrag zu den heute so verbreiteten Zivilisationskrankheiten bei. Damit unser Körper das volle Potenzial aus einem vollen Korn schöpfen kann, wird es am besten noch von den guten Bakterien „vorverdaut“. Das Ergebnis ist die höchste Qualität eines Brotes, welches in früheren Zeiten selbstverständlich und heute eine Besonderheit ist: ein Vollkorn-Sauerteigbrot aus wenigen natürlichen, unbehandelten Zutaten. Obwohl das Brot sehr heiß gebacken wird, steigt die Hitze im Inneren des Brotes auf nur ca. 95 °C. Damit bleiben auch viele Vitalstoffe des Kornes erhalten.

Schnelle Sauerteig-Überschuss-Brötchen

Pflanzlich - Laktosefrei

Portionen: 4 Stück
Zubereitungszeit: 5 Minuten
Fermentationszeit: 2–3 Stunden
Backzeit: 15 Minuten

Zutaten:

- 40 g Sauerteig
- 40 g Vollkornmehl
- 40 ml Wasser
- 1 Prise Salz

Zubereitung:

Sauerteig, Vollkornmehl, Wasser und Salz mit einem Löffel gut verrühren und in kleine Silikonförmchen aufteilen. Genug Platz in den Förmchen lassen, da sich der Teig verdoppelt. Die Förmchen mit dem Teig zugedeckt an einem zimmerwarmen Ort 2–3 Stunden fermentieren lassen. Wenn der Teig gut aufgegangen ist, die Brötchen in einer Heißluftfritteuse bei 200 °C für 15 Minuten backen.

Variante:

Bei diesem Rezept geht es vor allem darum, den wöchentlichen Sauerteig-Überschuss sinnvoll zu nutzen. Wenn man seinen Sauerteig, wie im ersten Buch *Fermentista* empfohlen, wöchentlich füttert im Verhältnis 10 g Sauerteig + 20 g Mehl + 20 g Wasser, erhält man jede Woche 40 g Sauerteig-Überschuss, der mit diesem Rezept schnell zu leckeren Brötchen verarbeitet werden kann. Für diese kleine Menge eignet sich eine Heißluftfritteuse sehr gut. Für das Backen in einem Backofen ist es sinnvoll die Teigmenge zu erhöhen, um den Strom effizienter zu nutzen.

Vollkorn-Sauerteig-Brötchen

Pflanzlich – Laktosefrei

Portionen: 10 Stück
Zubereitungszeit: 15 Minuten
Fermentationszeit Vorteig: 8–12 Stunden
Fermentationszeit Hauptteig: 1,5 Stunden
Backzeit: 25 Minuten

Zutaten:

Für den Vorteig

- 30 g aktiver Sauerteig
- 300 ml lauwarmes Wasser
- 300 g Roggenvollkornmehl

Für den Hauptteig

- 315 g Vorteig (15 g vom Vorteig kommen als Sauerteigstarter in den Kühlschrank)
- 140 ml lauwarmes Wasser
- 300 g Dinkel- oder Weizenvollkornmehl
- 10 g Salz

Zum Formen der Brötchen

- Buchweizenmehl

Zubereitung:

Für den Vorteig

Den Sauerteigstarter einen Tag zuvor aus dem Kühlschrank nehmen und anfüttern, um ihn zu aktivieren. Zuerst den aktiven Sauerteig mit dem Wasser in einer Schüssel verrühren, damit sich die Bakterien gut verteilen können. Anschließend das Mehl unterrühren. Den Vorteig abdecken, damit er nicht austrocknet und an einem warmen Ort 8–12 Stunden fermentieren lassen. Sobald sich der Teig verdoppelt hat, ist er bereit für den Hauptteig. An dieser Stelle nicht vergessen, etwas Sauerteig in ein Schraubglas zu geben und im Kühlschrank als Starter für das nächste Brot aufzubewahren.

Für den Hauptteig

Auch hier wird zuerst der Vorteig mit dem Wasser verrührt und erst dann das Mehl und das Salz untergerührt. Den Teig 5 Minuten kräftig durchkneten, bis ein kompakter, leicht klebriger Teig entstanden ist, und ihn abgedeckt ca. 1 Stunde ruhen lassen.

Die Brötchen formen

Anschließend wird der Teig auf eine bemehlte Arbeitsfläche gegeben. Er wird nun nicht mehr geknetet. Die entstandenen Luftlöcher sollen so gut wie möglich bestehen bleiben. Den Teig mit Hilfe einer Teigkarte in 6 Portionen teilen, jedes Teigstück mit bemehlten Händen greifen, die Enden in die entgegengesetzte Richtung verdrehen und auf ein mit Backpapier ausgelegtes Backblech geben. Die Brötchen mit einem Geschirrtuch abdecken und für 30 Minuten ruhen lassen.

Die Brötchen backen

Das Backrohr auf 250 °C vorheizen und die Brötchen bei dieser Hitze für 5 Minuten backen. Temperatur auf 220 °C reduzieren, die Brötchen für weitere 15 Minuten backen und bei 180 °C für 5 Minuten fertig backen.

ERFAHRUNG

Ich liebe diese Brötchen. Sie sind einfach zubereitet, schmecken wunderbar und sind schnell eingepackt für unterwegs. Sie dienen auch als Ersatz für Burgerbrötchen, sind süß mit Butter und Marmelade oder Honig ein Genuss oder können als „Doppldecka" mit Resten aus dem Kühlschrank gefüllt werden.

Vollkorn-Pizzateig ohne Hefe

Pflanzlich – Laktosefrei

Portionen: 2 Stück
Zubereitungszeit: 15 Minuten
Fermentationszeit: 24–48 Stunden
Backzeit: 10–15 Minuten

Zutaten:

- 20 g aktiver Sauerteig
- 120 ml Wasser
- 200 g Vollkorndinkelmehl
- 1 TL Salz
- Buchweizenmehl zum Ausarbeiten

TIPP

Achte darauf, dass dein Sauerteig aktiv ist. Gib ihn dafür einen Tag zuvor aus dem Kühlschrank und füttere ihn ein bis zwei Mal an.

Zubereitung:

Sauerteig mit Wasser, Mehl und Salz mit einem Teigschaber verrühren und anschließend mit den Händen zu einem geschmeidigen Teig verarbeiten.

Den Teig an der Außenseite mit Buchweizenmehl benetzen und abgedeckt im Kühlschrank 24–48 Stunde rasten lassen.

Den Teig 1 Stunde vor der weiteren Verarbeitung aus dem Kühlschrank nehmen, damit er nicht reißt. Die Arbeitsfläche mit Buchweizenmehl bestäuben, aus dem Teig 2 Kugeln formen und diese zu runde Pizzen formen.

Die Pizzen nach Wunsch belegen und im vorgeheizten Backrohr bei 300 °C für 10–15 Minuten backen.

TIPP

Pizza eignet sich sehr gut dazu, Reste aus dem Kühlschrank zu verwerten. Mit einem guten Teig und Käse darüber wird aus jedem Kühlschrank-Rest eine kulinarische Köstlichkeit, die der ganzen Familie schmeckt.

Variante:

Belege deine Pizza mit fermentiertem Tomatenketchup (siehe Seite 60), klein geschnittenen Zwiebeln, grob geriebenen Karotten, fermentierten Gemüseresten aus dem Kühlschrank, geriebenem Käse und Pizzagewürz.

Als pflanzliche Käse-Alternative schmeckt die Lakefrischcreme (siehe Seite 150) auf der Pizza sehr gut. Ideen für den Belag mit fermentiertem Gemüse findest du bei den *Besonderen Spezialitäten* (siehe Seite 232).

ANMERKUNG

Beim Backen der Pizza ist eine hohe Temperatur notwendig. Sie soll mindestens 250 °C sein, es sind aber auch Temperaturen bis zu 500 °C möglich, wenn dies der Ofen zulässt. Je höher die Backtemperatur, desto kürzer die Backdauer. Bei 400 °C reichen bereits 5 Minuten Backzeit für die Pizza. Wichtig ist, dass das Backblech mit vorbeheizt wird, damit der Boden schön knusprig wird. Am knusprigsten wird die Pizza auf einem vorgeheizten Pizzastein oder in einem Pizzaofen.

Burger-Brötchen ohne Hefe

Portionen: 4 Stück
Zubereitungszeit: 30 Minuten
Fermentationszeit Vorteig: 12 Stunden
Fermentationszeit Hauptteig: 3 Stunden
Backzeit/Kochzeit: 20 Minuten

Zutaten:

Für den Vorteig

- 20 g aktiver Sauerteig
- 120 ml Wasser
- 140 g Weizen- oder Dinkel-Vollkornmehl

Für den Hauptteig

- 170 g Weizen- oder Dinkelmehl T 700
- ½ EL Honig
- 1 Ei
- 20 g weiche Butter
- 1 TL Salz
- 20 ml Wasser

Zum Bestreichen

- 1 Ei
- 1 EL Milch
- Sesamsamen

Zubereitung:

Für den Vorteig

Damit das Leben im Sauerteig ausreichend aktiv ist, ist es wichtig den Sauerteigstarter rechtzeitig aus dem Kühlschrank zu nehmen und anzufüttern. Vergiss nicht etwas Sauerteigstarter für das nächste Mal zur Seite zu geben, bevor du ihn weiterverarbeitest. Aktiven Sauerteig mit Wasser in einer großen Schüssel vermischen, Weizen- oder Dinkel-Vollkornmehl unterrühren, den Teig abdecken und bei Zimmertemperatur 12 Stunden reifen lassen.

Für den Hauptteig

Der Vorteig sollte nun Blasen geworfen und sich verdoppelt haben. Nun kommen das Weizen- oder Dinkelmehl für den Hauptteig, der Honig, das Ei und die Butter dazu. Den Teig gut durchkneten. Salz im Wasser auflösen, zum Teig geben und den Teig 10 Minuten weiterkneten. Die Schüssel abdecken und den Teig 2 Stunden reifen lassen.

Den Teig in 4 Stücke teilen, diese zu Kugeln formen und auf ein mit Backpapier belegtes Backblech geben. Die Teigstücke mit einem sauberen Geschirrtuch abdecken und weitere 60 Minuten reifen lassen.

Zum Bestreichen

Backofen auf 200 °C vorheizen. Ei mit Milch verrühren und die Brötchen damit bestreichen. Mit Sesamsamen bestreuen und im vorgeheizten Backofen für ca. 20 Minuten backen. Die Brötchen auf einem Kuchengitter auskühlen lassen.

Variante:

Die Brötchen schmecken auch gut als Burger-Vollkornbrötchen mit Weizen- oder Dinkel-Vollkornmehl im Hauptteig anstatt des Mehls mit der Type 700.

ERFAHRUNG

Ich verwende auch für Dinkel- und Weizenteige meinen Roggensauerteig. Bei diesem Rezept achte ich darauf, dass ich den Roggensauerteig nicht mit Dinkel vermische. Daher füttere ich meinen Sauerteig mit ausreichend Roggenmehl und Wasser und gebe welchen zur Seite, bevor ich ihn mit dem Wasser und Dinkelmehl vermische.

Strudelteig

Pflanzlich – Laktosefrei

Portionen: 2 Strudel
Zubereitungszeit: 30 Minuten
Rastzeit: 3–8 Stunden
Backzeit: 50–60 Minuten

Zutaten:

Für den Strudelteig

- 250 g Dinkelmehl T 700
- 1 TL Salz
- 20 g Olivenöl
- 25 g saurer Kombucha
- 100 g lauwarmes Wasser

Zum Rasten

- Olivenöl

Zum Ausziehen

- Buchweizenmehl

Zubereitung:

Das Mehl auf die Arbeitsfläche geben, eine Mulde in die Mitte des Mehls formen und dort die restlichen Teigzutaten hineingeben. Zuerst die Zutaten in der Mulde mit einer Gabel verquirlen und dann das Mehl von der Mitte nach außen einarbeiten, bevor der Teig gut mit den Händen durchgeknetet wird. Den Teig mit etwas Olivenöl an der Außenseite einschmieren, mit einer Schüssel abdecken und bei Zimmertemperatur 3–8 Stunden rasten lassen.

Den Strudelteig mit Hilfe eines mit Buchweizenmehl bedeckten Geschirrtuches ausziehen. Den Teig in zwei Teile schneiden,

Kugeln daraus formen und nacheinander ausziehen. Dafür eine Teigkugel in der Mitte des Geschirrtuchs platt drücken, sodass der Teig von beiden Seiten mit Mehl bedeckt ist. Den platt gedrückten Teig zuerst mit einem Teigroller ausrollen und dabei immer wieder wenden und drehen. Dabei darauf achten, dass das ganze Geschirrtuch mit Buchweizenmehl bedeckt ist. Gegebenenfalls etwas Mehl nachstreuen. Damit der Strudelteig hauchdünn wird, wird er mit Hilfe von zwei Fäusten von der Mitte nach außen vorsichtig ausgezogen und auf dem Geschirrtuch wieder aufgelegt. Die noch etwas dickeren Ränder können vorsichtig nachgezogen werden. Sehr behutsam mit dem Teig vorgehen, damit er nicht reißt. Nun ist der Teig bereit für die Fülle. Den gefüllten Strudel 50–60 Minuten im vorgeheizten Backrohr bei 180 °C backen.

Variante:

Der Strudelteig kann auch mit Vollkornmehl zubereitet werden. Dafür benötigt es etwas mehr Wasser, da die Ballaststoffe aufquellen, und er lässt sich nicht ganz so dünn ausziehen.

Würzige Rohkostcrackers

Pflanzlich – Rohkost – Glutenfrei – Laktosefrei

Portionen: 3–4 Dörrgerät-Bleche
Zubereitungszeit: 10 Minuten
Fermentationszeit: 12–24 Stunden
Dörrzeit: 20–24 Stunden

Zutaten:

- 600 ml fermentierte Lake
- 100 g Sonnenblumenkerne
- 100 g Leinsamen
- 100 g Sesamsamen

Zubereitung:

Sonnenblumenkerne, Leinsamen und Sesamsamen unter die Lake rühren und 12–24 Stunden bei Zimmertemperatur fermentieren. Reste von fermentiertem Gemüse und Gewürze können in der Lake bleiben.

Die Masse mit einem Pürierstab durchmixen, auf die Dörrgerät-Einlagen mit einer ausgelegten Antihaftfolie dünn aufstreichen oder mit einem Löffel runde Crackers formen und bei 45 °C ca. 20–24 Stunden trocknen. Währenddessen ein Mal wenden, damit sie von beiden Seiten gut durchtrocknen. Auf diese Weise bleiben Inhaltsstoffe wie Omega-3-Fettsäuren und gute Mikroorganismen erhalten.

ANMERKUNG

Ab einer Temperatur von über 42 °C werden wichtige Vitalstoffe, Enzyme, Proteine, Fettsäuren usw. zerstört oder verändert. Gerade bei diesen Crackers ist mir Rohkostqualität wichtig, weil sie so viele gute Vitalstoffe, gute Fettsäuren und gute Bakterien enthalten, die ich durch den Backvorgang nicht verlieren möchte. Auch wenn das Dörrgerät auf 45 °C eingeschaltet wird, bleibt die Temperatur in den Crackers unter 42 °C und damit die Rohkostqualität erhalten. Die Crackers sind ein toller Snack für Zwischendurch, passen gut als Beilage zu einem Salat und eignen sich auch hervorragend zum Mitnehmen.

Fermentierte Buchweizencrackers

Pflanzlich – Glutenfrei – Laktosefrei

Portionen: 1 Blech
Zubereitungszeit: 10 Minuten
Fermentationszeit: 12–24 Stunden
Backzeit: 60 Minuten

Zutaten:

- 110 g Buchweizenmehl
- 60 g Haferflocken
- 25 g Leinsamen
- 25 g Sesamsamen
- 50 g Sonnenblumenkerne
- 125 ml Wasserkefir
- 125 ml Wasser
- 1 EL Olivenöl
- 1 TL Salz
- Gewürze nach Wahl

Zubereitung:

Alle Zutaten mit dem Wasserkefir gut vermischen und abgedeckt bei Zimmertemperatur 12–24 Stunden fermentieren lassen.

Das Backrohr auf 170 °C Ober-/Unterhitze vorheizen. Bei Bedarf noch etwas Wasser in den Teig rühren. Die Masse dünn auf ein mit Backpapier ausgelegtes Backblech streichen und im Backrohr für ca. 60 Minuten backen. Möchte man gleich große Crackers, schneidet man diese am besten nach 10 Minuten Backzeit und gibt sie wieder ins Backrohr.

Würzige Variante:

Für würzige Crackers wird eine Lake von fermentiertem Gemüse anstatt dem Wasserkefir verwendet. Gemüse- und Gewürzreste in der Lake können mit unter den Teig vermischt werden. Das Salz am besten nur sparsam verwenden oder sogar weglassen, damit die Crackers nicht zu sauer werden.

Mediterrane Variante:

Mit der Zugabe von fermentiertem Tomatenketchup (siehe Seite 60) und Kräutern wie Oregano, Rosmarin und Basilikum bekommen die Crackers eine mediterrane Geschmacksnote.

Knoblauch-Variante:

Gut schmecken die Crackers auch mit fermentierter Knoblauchpaste, die entweder vor dem Backen unter den Teig vermischt oder auf die gebackenen Crackers verteilt wird.

ERFAHRUNG

Da die Crackers sehr gut schmecken, praktisch für unterwegs sind und luftdicht verschlossen mehrere Tage bis Wochen haltbar sind, bereite ich meist gleich die doppelte Menge zu. Beim Backen wechsle ich das obere mit dem unteren Blech nach 30 Minuten und wieder nach 15 Minuten. In den letzten 15 Minuten nehme ich bereits die äußeren, knusprigen Crackers vom Backblech, damit alle gleichmäßig knusprig werden.

Kombucha-Brötchen ohne Gluten

Pflanzlich - Glutenfrei - Laktosefrei

Portionen: 8 Stück
Zubereitungszeit: 15 Minuten
Fermentationszeit: 12–24 Stunden
Backzeit: 60 Minuten

Zutaten:

Für den Teig

- 50 g Mandeln
- 50 g Leinsamen
- 50 g Chiasamen
- 100 g Buchweizenmehl
- 60 g Sonnenblumenkerne
- 1 TL Brotgewürz
- 1 TL Salz
- 100 ml Kombucha
- 150 ml Wasser

Für das Topping

- Sonnenblumenkerne

Zubereitung:

Für den Teig

Mandeln, Leinsamen und Chiasamen in einer Küchenmaschine fein mixen und mit Buchweizenmehl, Sonnenblumenkernen, Brotgewürz und Salz in einer Schüssel vermischen. Kombucha und Wasser hinzufügen und mit einem Löffel zu einem Teig verrühren. Nach Bedarf noch etwas Wasser hinzufügen. Den Teig zugedeckt 12–24 Stunden bei Zimmertemperatur zugedeckt quellen lassen.

Für das Topping

Das Backrohr auf 170 °C vorheizen. Ein Backblech mit Backpapier auslegen oder mit Olivenöl bestreichen. Es kann sein, dass der Teig nach dem Quellen sehr fest geworden ist, da er sehr viele Ballaststoffe enthält, die aufquellen. Dann kann an dieser Stelle noch etwas Wasser unter den Teig gerührt werden. Der Teig sollte leicht durchzurühren sein, aber noch in Form bleiben.

Aus dem Teig Brötchen mit einem Löffel formen, mit Sonnenblumenkernen bestreuen und ca. 60 Minuten backen. Die Brötchen vor dem Servieren auskühlen lassen.

ANMERKUNG

Die guten Mikroorganismen im Kombucha helfen dabei den Teig bekömmlicher zu machen und die Säure verleiht den Brötchen eine besondere Geschmacksnote.

Fermentierte Hafer-Amaranth-Brötchen

Pflanzlich – Glutenfrei – Laktosefrei

Portionen: 3 Stück
Zubereitungszeit: 10 Minuten
Fermentationszeit: 12–48 Stunden
Backzeit: 12–20 Minuten

Zutaten:

Für die Brötchen

- 60 g Haferflocken
- 40 g gepoppter Amaranth
- 1 Prise Salz
- 120 ml Wasserkefir

Für das Topping

- Haferflocken
- Gepoppter Amaranth

Zubereitung:

Haferflocken, gepoppten Amaranth, Salz und Wasserkefir vermischen und 12–48 Stunden abgedeckt im Kühlschrank fermentieren. Mit nassen Händen Brötchen formen, mit Haferflocken und/oder gepopptem Amaranth bestreuen und entweder im vorgeheizten Backrohr bei 180 °C für 15–20 Minuten backen oder in der Heißluftfritteuse bei 180 °C für 12–15 Minuten backen.

Variante:

Die Brötchen können nur mit Haferflocken zubereitet oder einem anderen gepoppten Getreide vermischt werden.

ERFAHRUNG

Ich bereite die Brötchen gerne für ein Frühstück für unterwegs zu. Den Brötchenteig kann ich im Voraus anfertigen und die Brötchen am Abend zuvor in der Heißluftfritteuse ausbacken. Ich fülle sie am liebsten mit Cashewmus und Marmelade.

Frühstücksideen mit Fermentiertem

Rohes Buchweizen-Porridge

Rohkost - Glutenfrei

Portionen: 1 Person
Zubereitungszeit: 10 Minuten
Einweichzeit: 4–12 Stunden

Zutaten:

- 50 g Buchweizen
- 1 Schuss Kombucha
- 20 g Mandeln
- ½ Banane
- 1 Schuss saurer Kombucha oder Zitronensaft
- 1 kleiner Apfel
- 1 Karotte
- 1 EL Schlagobers
- Zimt

ANMERKUNG

Als Inspiration für deinen täglichen Frischkornbrei sollen dir dieses Rezept und die folgenden Rezepte für das rohe Mango-Karotten-Porridge (siehe Seite 134) und die Joghurt-Topfen-Creme mit Braunhirse (siehe Seite 136) dienen. Mit den Getreide- und Pseudogetreidearten kannst du dabei variieren.

Zubereitung:

Buchweizen mit Wasser und einem Schuss Kombucha abgedeckt für 4–12 Stunden, am besten über Nacht bei Zimmertemperatur einweichen. In einem extra Glas die Mandeln mit Wasser ebenfalls 4–12 Stunden bei Zimmertemperatur abgedeckt einweichen. Am Morgen den Buchweizen und die Mandeln abspülen. Die Mandeln schälen. Die Banane mit dem sauren Kombucha oder Zitronensaft in eine Schüssel geben und mit einer Gabel zerdrücken. Karotte und Apfel grob zu der zerdrückten Banane reiben. Gespülten Buchweizen, geschälte Mandeln dazugeben und alles gut vermischen. Das Schlagobers aufschlagen oder ungeschlagen unter das Porridge mischen. Mit aufgeschlagenem Obers wird das Porridge sehr gut luftig und cremig. Das Porridge anrichten und mit Zimt bestreuen.

Variante:

Ersetze für die pflanzliche, laktosefreie Alternative das Schlagobers durch Mandelmus oder ein anderes Nussmus.

ANMERKUNG

Der tägliche Frischkornbrei kann lt. Dr. med. Max Otto Bruker vielen der heutigen Zivilisationskrankheiten entgegenwirken. Dazu zählen: Gebissverfall, Karies, Parodontose, Krankheiten des Bewegungsapparates, Diabetes, Gicht, Gallensteine, Verdauungsprobleme, Gefäßerkrankungen, mangelnde Infektabwehr, Allergien, Hautausschläge, Krankheiten des Nervensystems und Krebs. Als Grund für diese Krankheiten nennt er aus ernährungsbedingter Sicht vor allem den heutigen Vitamin-B-Mangel durch Weißmehl und Zucker. Vitamin B benötigt unser Körper für alle Stoffwechselvorgänge. Fehlt dieses, funktionieren viele Prozesse in unserem Körper nicht. Im frischen und vollen Korn ist lt. Dr. med. Max Bruker ausreichend Vitamin B und auch eine Vielzahl an anderen essenziellen Vitalstoffen enthalten. Dafür reichen zwei Esslöffel pro Tag, in Wasser eingeweicht und roh verzehrt. Wichtig ist der rohe Verzehr des vollen Getreidekorns. Durch das Erhitzen gehen viele Vitalstoffe, vor allem das Vitamin B wieder verloren, wodurch keine ausreichende Versorgung sichergestellt ist. Das Schlagobers ist wichtig für die Aufnahme der fettlöslichen Vitamine. Wer mehr zu diesem Thema wissen möchte, dem empfehle ich das Buch „Unsere Nahrung – unser Schicksal“ von Dr. med. Max Otto Bruker zu lesen. In diesem Buch schreibt er alles über die Ursachen, Verhütung und Heilbarkeit ernährungsbedingter Zivilisationskrankheiten.

Rohes Mango-Karotten-Porridge

Pflanzlich – Rohkost – Laktosefrei

Portionen: 1 Person
Zubereitungszeit: 10 Minuten
Einweichzeit: 4–12 Stunden

Zutaten:

- 50 g Einkorn
- 1 Schuss Kombucha
- 40 g Cashews
- 10 g Mangos getrocknet
- 100 ml Kombucha
- 1 Karotte
- ½ Banane
- ¼ TL Kurkumapulver
- 1 Prise Pfeffer

TIPP

Mixe das Porridge mit etwas mehr Wasser zu einem Shake zum Mitnehmen.

Zubereitung:

Einkorn mit Wasser und einem Schuss Kombucha abgedeckt 4–12 Stunden am besten über Nacht bei Zimmertemperatur einweichen. Im Mixer (Blender) die Cashews mit dem Kombucha und den Mangos bei Zimmertemperatur ebenfalls abgedeckt über Nacht einweichen. Am Morgen das Einkorn abspülen und mit der Karotte, der Banane, dem Kurkumapulver und dem Pfeffer zu den eingeweichten Cashews und Mangos in den Mixer geben und cremig mixen. Wasser nach Bedarf hinzufügen, je nachdem wie flüssig man das Porridge haben möchte.

Joghurt-Topfen-Creme mit Braunhirse

Rohkost – Glutenfrei

Portionen: 6 Personen
Zubereitungszeit: 10 Minuten

Zutaten:

- 100 g Braunhirse
- 1 kg Joghurt
- 500 g Topfen
- 200 g Kombucha-Marmelade

Zubereitung:

Braunhirse nach Geschmack und Möglichkeit fein oder grob mahlen, mit den restlichen Zutaten mit Hilfe eines Pürierstabs vermischen und portionsweise in Gläser abfüllen.

ERFAHRUNG

Diese Creme steht bei mir immer bereit im Kühlschrank für den kleinen Hunger zwischendurch. Sie sättigt, erfrischt und stillt mein Verlangen auf Süßes. Ich komme damit auf meine tägliche Portion Frischkorn für eine gute Vitamin- und Mineralstoff-Versorgung und bekomme schöne Haut und Haare aufgrund des enthaltenen Siliziums.

ANMERKUNG

Braunhirse ist eine spezielle Hirsesorte. Sie wird auch als die „Braune Wildform" bezeichnet. Da sie ungeschält ist, enthält sie viele Ballaststoffe und eine Vielzahl an Vitalstoffen gut beschützt in der Schale. Unser menschlicher Körper kann die Schale jedoch nicht aufbrechen, daher ist es wichtig die Körner kurz vor dem Verzehr zu mahlen oder zu schroten. Werden die Körner nach dem Mahlen oder Schroten gelagert und vielleicht sogar noch erhitzt, gehen viele Vitalstoffe wieder verloren.

Braunhirse ist reich an siliziumhaltiger Kieselsäure, die vor allem die Gesundheit der Haut, der Haare, der Knochen und Knorpel fördert. Außerdem enthält sie im Vergleich zu anderen Getreidearten viel Zink, Magnesium, Fluor und Eisen. Sie ist zusätzlich ein ausgezeichneter Vitamin-B-Lieferant. Oft wird sie aufgrund ihres hohen Nährstoffgehaltes als natürliches Nahrungsergänzungsmittel regelmäßig „eingenommen". Wichtig dabei ist, dass sie frisch gemahlen oder geschrotet und nicht erhitzt wird.

Chia-Joghurt mit Kombucha-Marmelade

Rohkost – Glutenfrei

Portionen: 4 Personen
Zubereitungszeit: 5 Minuten
Kühlzeit: 4 Stunden

Zutaten:

- 1 l Joghurt
- 80 g Chiasamen
- 200 g Kombucha-Marmelade

TIPP

Das Chia-Joghurt hält mehrere Tage im Kühlschrank. Fülle es dafür portioniert in Schraubgläser ab. Variiere mit den Marmelade-Sorten, so wird es nie langweilig.

Zubereitung:

Das Joghurt mit den Chiasamen und der Marmelade mit einem Schneebesen verrühren. Die angegebene Menge für die Kombucha-Marmelade kann nach Geschmack angepasst werden.

Das Joghurt in den Kühlschrank stellen und für mindestens 4 Stunden quellen lassen vor dem Servieren.

Variante:

Möchtest du auf Milchprodukte verzichten? Kein Problem, verwende für dieses Rezept ein pflanzliches Joghurt.

ANMERKUNG

Alle Infos und Tipps, um selber Joghurt zu fermentieren, findest du in meinem ersten Buch „Fermentista – Du brauchst nur Zeit und Liebe“.

Kurkuma-Kokos-Porridge mit fermentierten Karotten

Pflanzlich – Glutenfrei – Laktosefrei

Portionen: 2 Personen
Zubereitungszeit: 10 Minuten
Einweichzeit: 4–12 Stunden
Kochzeit: 30 Minuten

Zutaten:

Für das Porridge

- 100 g Haferflocken
- je 100 ml Wasserkefir, Wasser
- 200 ml Kokosmilch
- 2 TL Kurkuma
- 1 TL Zimt
- ½ TL Nelkenpulver
- 1 Msp. Vanillepulver
- je 1 Prise Salz, Pfeffer
- 4 Datteln
- 1 EL Kombucha-Marmelade
- 1 EL Kokosöl

Für das Topping

- Fermentiertes Karottenkraut
- Mandelmus
- Kombucha-Marmelade
- Früchte

Zubereitung:

Für das Porridge

Haferflocken mit Wasserkefir und Wasser vermischen und 4–12 Stunden bei Zimmertemperatur quellen lassen. Die eingeweichten Haferflocken mit der Kokosmilch und den Gewürzen in einen Topf geben und aufkochen lassen. Datteln klein schneiden und mit der Marmelade zu dem Porridge geben. Hitze reduzieren und unter ständigem Rühren 20 Minuten köcheln lassen. Bei Bedarf etwas Wasser hinzufügen. Abschließend das Kokosöl unterrühren und servieren.

Für das Topping

Das Porridge noch warm in Schüsseln verteilen und mit fermentiertem Karottenkraut, Mandelmus, Kombucha-Marmelade und frischen Früchten garnieren.

Variante:

Ersetzte die Haferflocken durch Hirse. Dafür die Hirse 4–12 Stunden mit einem Schuss Kombucha einweichen, abspülen, mit frischem Wasser, Kokosmilch und den restlichen Zutaten aufkochen und wie beschrieben zubereiten.

TIPP

Wenn dir Kokosmilch übrig bleibt, verwende sie für eine sehr einfache Kokos-Schoko-Creme. Gib je 100 ml Kokosmilch 2 weiche Datteln, eine Handvoll Cashews und 1 EL dunkles Kakaopulver zu der Kokosmilch und lasse die Zutaten im Kühlschrank 4–12 Stunden gut durchziehen. Anschließend kannst du sie mit einem Pürierstab cremig mixen und genießen.

Gebackene Haferflocken mit Himbeeren und Schokolade

Pflanzlich – Glutenfrei – Laktosefrei

Portionen: 4 Personen
Zubereitungszeit: 10 Minuten
Einweichzeit: 4–12 Stunden
Backzeit: 40 Minuten

Zutaten:

Für die Haferflocken

- 200 g Haferflocken
- 200 ml Wasserkefir
- 200 ml Wasser
- 50 g Cashews
- 4 Datteln
- 80 g dunkle Schokolade
- 1 Banane
- 2 EL Kombucha-Marmelade
- 1 TL Zimt
- 1 Prise Vanille
- 1 Prise Salz
- 200 g Himbeeren

Zum Dekorieren

- 20 g Schokolade
- 1 Banane
- Himbeeren

Zum Servieren

- Joghurt
- Kombucha-Marmelade
- Mandelmus

Zubereitung:

Für die Haferflocken

Haferflocken mit Wasserkefir und Wasser vermischen und bei Zimmertemperatur abgedeckt 4–12 Stunden quellen lassen. Das Backrohr auf 180 °C vorheizen und eine Backform einfetten oder mit Backpapier auslegen. Cashews grob hacken. Datteln und Schokolade klein schneiden. Banane zerdrücken und mit Marmelade, Zimt, Vanille, Salz, Cashews, Datteln, Schokolade und Himbeeren unter die eingeweichten Haferflocken mischen. Die Masse in die vorbereitete Backform füllen. Banane und Schokolade für die Deko in Stücke schneiden, mit den Himbeeren auf den Haferflocken verteilen und im Backrohr für 40 Minuten backen.

Zum Servieren

Die gebackenen Haferflocken mit Joghurt, Marmelade und Mandelmus servieren.

ERFAHRUNG

Wenn ich die gebackenen Haferflocken nur für 2 Personen zubereite, backe ich die halbe Menge bei 180 °C für 20 Minuten in der Heißluftfritteuse.

Palatschinken aus aktiviertem Buchweizen

Pflanzlich - Glutenfrei - Laktosefrei

Portionen: 4 Personen
Zubereitungszeit: 10 Minuten
Einweichzeit: 4–12 Stunden

Zutaten:

- 250 g Buchweizen
- 1 Schuss Kombucha
- 400 ml Wasser
- 1 TL Kurkuma
- 1 Prise Salz
- 1 Prise Pfeffer

TIPP

Die Palatschinken schmecken süß gefüllt mit Mandelmus und Kombucha-Marmelade oder pikant gefüllt mit Lakefrischcreme, Pesto, frischen Kräutern und fermentiertem Gemüse.

Zubereitung:

Buchweizen mit ausreichend Wasser und einem Schuss Kombucha 20 Minuten einweichen. So wird er gut gereinigt und besser aktiv. Anschließend gut durchspülen und mit frischem Wasser bedeckt 3–4 Stunden bei Zimmertemperatur oder über Nacht im Kühlschrank einweichen.

Aktivierten Buchweizen mit dem Einweichwasser, Kurkuma, Salz und Pfeffer mit einem Pürierstab zu einem Palatschinkenteig mixen. Bei Bedarf noch etwas Wasser hinzufügen. Eine beschichtete Pfanne erhitzen und die Palatschinken darin ohne Öl beidseitig backen.

ERFAHRUNG

Der Palatschinkenteig hält sich im Kühlschrank bis zu einer Woche. Vor dem Backen den Teig einfach gut durchrühren.

ANMERKUNG

Buchweizen ist regional in guter Qualität erhältlich und hat viele gesundheitliche Vorteile. Er weist einen hohen Nährstoffgehalt auf, ist glutenfrei, hat einen geringen glykämischen Index, verbessert die Verdauung, unterstützt das Herz-Kreislauf-System, kann sehr vielseitig zubereitet werden und eignet sich auch sehr gut zum Sprossenziehen.

Snacks, Aufstriche und Salate

Soja-Tsatsiki

Pflanzlich – Glutenfrei – Laktosefrei

Portionen: ½-l-Glas
Zubereitung: 10 Minuten

Zutaten:

- 1 Gurke
- 250 g Sojafrischcreme (siehe Seite 68)
- 1 TL Knoblauchpaste (siehe Seite 44)
- Salz
- Frische oder getrocknete Kräuter (Minze, Dill, Schnittlauch, Petersilie)

TIPP

Es gibt bereits gute fertige Kräutersalzmischungen, womit das Tsatsiki im Handumdrehen fertig ist und gut schmeckt.

Zubereitung:

Die Gurke halbieren, mit einem Löffel das Kerngehäuse entfernen und grob raspeln. In einer Schüssel mit etwas Salz vermengen und etwa 5 Minuten ziehen lassen. Gurkenraspel ausdrücken und das überschüssige Wasser abgießen. Frische Kräuter fein hacken, falls verwendet. Sojafrischcreme oder griechisches Joghurt, Knoblauchpaste und Kräuter mit der Gurke verrühren und das Tsatsiki abschmecken.

Variante:

Anstatt der Sojafrischcreme kann auch griechisches Joghurt verwendet werden.

ERFAHRUNG

Auf meinem Kreta-Urlaub gab es überall und täglich Tsatsiki mit gutem 10 % Joghurt. Da wurde mir eines klar: Tsatsiki ist einfach und schmeckt immer und jedem. Schön cremig muss es jedoch sein. Dafür wird typischerweise griechisches Joghurt verwendet, das Kerngehäuse der Gurke entfernt und das Wasser der Gurke mit Hilfe von Salz ausgedrückt. Damit es auch mit pflanzlichem „Joghurt" fest und cremig wird, lässt man dieses vorher abtropfen und verwendet die abgetropfte Frischcreme.

Lakefrischcreme

Pflanzlich – Rohkost – Glutenfrei – Laktosefrei

Portionen: ½-l-Glas
Zubereitungszeit: 10 Minuten
Einweichzeit: 4–12 Stunden

Zutaten:

- 250 g Cashewkerne
- 280 ml fermentierte Lake
- Flohsamenschalen

Zubereitung:

Cashews und Lake gemeinsam in ein Schraubglas geben, 4–12 Stunden im Kühlschrank quellen lassen und anschließend in einem Mixer oder mit dem Pürierstab cremig mixen. Reste von fermentiertem Gemüse, Gewürzen und Kräutern, die noch in der Lake sind, können in der Lake bleiben. Sie geben einen besonders guten Geschmack. Wenn die Creme zu flüssig ist, Flohsamenschalen hinzufügen. Diese nur sparsam untermixen, da sie erst nach ein paar Minuten sehr stark aufquellen und die Creme ansonsten zu fest wird.

Variante:

Die Cashewkerne machen die Creme sehr locker und leicht. Die Hälfte der Cashews kann jedoch durch geschälte Hanfsamen ersetzt werden. Diese enthalten viele wertvolle Omega-3-Fettsäuren, die den Nährwert der Creme nochmals erhöhen.

TIPP

Du kannst die Creme als Brotaufstrich, als Dip zu Ofengemüse, als Sauce in deinem Burger, als Käseersatz auf der Pizza, mit Pesto zu Nudeln und immer dann verwenden, wenn du Mayonnaise nehmen würdest.

Fermentierter Sonnenblumenkernaufstrich

Pflanzlich – Rohkost – Glutenfrei – Laktosefrei

Portionen: ¼-l-Glas
Zubereitungszeit: 10 Minuten
Einweichzeit: 4–12 Stunden
Kühlzeit: 4 Stunden

Zutaten:

Für den Aufstrich

- 100 g Sonnenblumenkerne
- 1 Schuss Kombucha oder fermentierte Lake
- 100 ml fermentierte Lake
- 1 TL Flohsamenschalen
- 25 g Olivenöl
- Salz, Pfeffer

Für die Form

- Olivenöl
- Dukkah-Gewürz (siehe Seite 76)

Zubereitung:

Für den Aufstrich

Sonnenblumenkerne mit ausreichend Wasser und einem Schuss Kombucha oder Lake 4–12 Stunden bei Zimmertemperatur abgedeckt einweichen. Anschließend das Wasser abgießen, die Sonnenblumenkerne abspülen und mit der Lake, den Flohsamenschalen und dem Olivenöl in einem Mixer zu einer feinen Creme verarbeiten. Mit Salz und Pfeffer abschmecken.

Für die Form

Eine runde Sturzglasform mit ca. 12 cm Durchmesser mit Olivenöl bestreichen und Dukkah-Gewürz bestreuen. Die Sonnenblumenkerncreme darauf verteilen und glatt streichen. Den Aufstrich zugedeckt für mindestens 4 Stunden kühlen. Den Aufstrich entweder in der Schüssel servieren oder auf ein Teller stürzen zum Servieren.

Variante:

Anstelle des Dukkah-Gewürzes können auch andere Gewürze und Kräuter passend zur Lake verwendet werden. Sehr gut schmeckt der Aufstrich auch mit Paprikalake und Pizzagewürz.

Kürbisaufstrich

Pflanzlich – Glutenfrei – Laktosefrei

Portionen: 1-l-Glas
Zubereitungszeit: 20 Minuten
Backzeit Kürbis: 30 Minuten
Kochzeit Linsen: 20 Minuten

Zutaten:

- 350 g Hokkaidokürbis
- 2 EL Olivenöl
- 1 EL Currygewürz
- 1 EL Tamari
- 250 g gelbe oder rote Linsen
- 250 ml fermentierte Lake
- 250 ml Wasser
- 1 EL Currygewürz
- 100 g Sonnenblumenkerne
- 1 TL Kümmel
- 1 TL Salzzitronen-Paste (siehe Seite 46)
- 1 TL fermentierte Knoblauchpaste (siehe Seite 44)
- Salz, Pfeffer

Zubereitung:

Den Hokkaidokürbis waschen, halbieren, mit einem Löffel entkernen und grobwürfelig schneiden. Er kann mit der Schale verwendet werden. Den Kürbis mit Olivenöl, Currygewürz, Tamari und etwas Salz und Pfeffer vermischen und im Ofen bei 180 °C 30 Minuten weich backen.

In der Zwischenzeit die Linsen zubereiten. Gelbe oder rote Linsen müssen nicht unbedingt eingeweicht werden, da sie geschält sind. Wichtig ist, sie mit heißem Wasser gut zu waschen und abzuspülen. Die gewaschenen Linsen mit der Lake, dem Wasser und dem Curry-Gewürz in einen Topf geben und für 20 Minuten ohne Deckel kochen.

Sonnenblumenkerne und Kümmel in einer Pfanne ohne Öl von allen Seiten kurz rösten, bis sie duften, und anschließend mit Hilfe einer Küchenmaschine fein mixen. Den gebackenen Kürbis, die gekochten Linsen, Salzzitronen-Paste und fermentierte Knoblauchpaste hinzufügen, alles cremig mixen und abschmecken.

Variante:

Variiere mit dem Gemüse und den Gewürzen. Sehr gut schmeckt auch ein Aufstrich mit gebackenen Süßkartoffeln, Roten Rüben oder Karotten. Anstatt des Kümmels kannst du auch Kreuzkümmel verwenden oder Ingwer hinzufügen.

Gelbe-Linsen-Bällchen

Pflanzlich – Glutenfrei – Laktosefrei

Portionen: 14 Stück
Zubereitungszeit: 10 Minuten
Kochzeit Linsen: 20 Minuten
Backzeit Bällchen: 20 Minuten

Zutaten:

- 100 g gelbe Linsen
- 80 ml fermentierte Lake
- 80 ml Wasser
- 1 TL Curry-Gewürz
- 1 TL Flohsamenschalen
- Salz, Pfeffer

Zubereitung:

Linsen mit heißem Wasser waschen und abspülen. Die gewaschenen Linsen mit der Lake, dem Wasser und dem Curry-Gewürz in einen Topf geben und für 20 Minuten ohne Deckel kochen. Linsen, wenn noch notwendig, mit Salz und Pfeffer abschmecken, Flohsamenschalen unterrühren und auskühlen lassen. Mit nassen Händen kleine Bällchen formen. Die Bällchen bei 180 °C in der Heißluftfritteuse 20 Minuten backen. In der Heißluftfritteuse behalten die Bällchen eine gute Form, werden außen schön knusprig und bleiben innen weich.

TIPP

Die Linsenbällchen können eingefroren werden, bevor sie gebacken werden. Dafür auf einem Teller verteilen, sodass sie nicht aneinanderkleben und erst in gefrorenem Zustand in einen Gefrierbeutel geben. Sie sind ein guter Snack für unterwegs, können zum Salat serviert werden und sind ein Hingucker bei jedem Buffet in Kombination mit einem Aufstrich und fermentiertem Gemüse.

Tomaten-Linsen-Aufstrich

Pflanzlich – Glutenfrei – Laktosefrei

Portionen: ½-l-Glas
Zubereitungszeit: 10 Minuten
Kochzeit: 20 Minuten

Zutaten:

- 100 g rote Linsen
- 100 ml fermentierte Lake
- 100 ml Wasser
- 1 EL Curry-Gewürz
- 50 g Cashewkerne
- 4 EL fermentiertes Tomatenketchup (siehe Seite 60)
- 3 getrocknete Tomaten in Öl
- 1 EL Olivenöl
- Salz, Pfeffer, Tamari

Zubereitung:

Rote Linsen waschen, abspülen, mit der Lake, dem Wasser und dem Curry-Gewürz in einen Topf geben und für 20 Minuten ohne Deckel kochen. Cashewkerne zu den noch warmen Linsen geben und die Linsen auskühlen lassen. Ketchup, getrocknete Tomaten und Olivenöl hinzufügen, alles mit einem Pürierstab cremig mixen und mit Salz, Pfeffer und Tamari abschmecken. Den Aufstrich vor dem Servieren auskühlen lassen.

TIPP

Der Aufstrich schmeckt nicht nur auf dem Brot gut. Er kann auch in Kombination mit fermentiertem Gemüse zum Füllen der Palatschinken aus aktiviertem Buchweizen (siehe Seite 144) verwendet werden oder zu Crackers mit Karottensticks serviert werden. Am besten schmeckt er mir zu Kartoffel-Wedges und Kimchi (siehe Seite 28).

Erfrischende grüne Erbsen-Minze-Creme

Pflanzlich – Glutenfrei – Laktosefrei

Portionen: ¼-l-Glas
Zubereitungszeit: 10 Minuten
Kochzeit: 10 Minuten

Zutaten:

- 250 g grüne TK-Erbsen
- 5 frische Minzblätter
- 1 EL Mandelmus
- 1 TL Salzzitronen-Paste (siehe Seite 46)
- Salz, Pfeffer

Zubereitung:

Erbsen mit einem Schuss Wasser in einem Topf 10 Minuten erwärmen und auskühlen lassen. Anschließend die Erbsen mit Minzblättern, Mandelmus und Salzzitronen-Paste zu einer Creme mixen und mit Salz und Pfeffer abschmecken.

TIPP

Serviere die Creme mit Sauerteigbrot, fermentierten Radieschen und Dukkah-Gewürz (siehe Seite 76). Das ist ein Genuss für Augen und Gaumen. Die Creme passt auch gut in Kombination mit fermentiertem Gemüse in Palatschinken aus aktiviertem Buchweizen (siehe Seite 144).

Kartoffelaufstrich

Pflanzlich – Glutenfrei – Laktosefrei

Portionen: ½-l-Glas
Zubereitungszeit: 10 Minuten
Kochzeit: 30 Minuten

Zutaten:

- 300 g mehlige Kartoffeln
- 100 g Lakefrischcreme (siehe Seite 150)
- 1 Prise Muskatnuss
- Salz, Pfeffer

Zum Verfeinern

- Pesto
- Frische Kräuter (Petersilie, Schnittlauch usw.)

Zubereitung:

Kartoffeln kochen, schälen, noch heiß zerdrücken und etwas auskühlen lassen. Die Kartoffeln mit Lakefrischcreme und Muskatnuss verrühren und mit Salz und Pfeffer abschmecken.

Den Kartoffelkäse nach Belieben mit Pesto und frischen Kräutern verfeinern und mit Sauerteigbrot und fermentiertem Gemüse servieren.

TIPP

Du kannst auch kalte Kartoffelreste vom Vortag verwenden.

ANMERKUNG

Die Lakefrischcreme verleiht dem Kartoffelkäse eine gute Säure und er wird dadurch schön cremig.

Knusprige Linsen

Pflanzlich – Glutenfrei – Laktosefrei

Portionen: ¼-l-Glas
Zubereitungszeit: 10 Minuten
Einweichzeit: 4–12 Stunden
Kochzeit: 20 Minuten
Backzeit: 50 Minuten

Zutaten:

- 250 g Teller-, Berg- oder Belugalinsen
- 1 Schuss Kombucha
- 250 ml fermentierte Lake
- 250 ml Wasser
- 1 Lorbeerblatt
- 1 EL Olivenöl
- 2 EL Tamari
- Salz

Zubereitung:

Linsen 4–12 Stunden in ausreichend Wasser mit einem Schuss Kombucha einweichen, anschließend abspülen und in einer Mischung aus der fermentierten Lake mit Wasser, einem Lorbeerblatt und etwas Salz 5 Minuten kochen. Hitze reduzieren und noch weitere 10–15 Minuten quellen lassen. Die Linsen abspülen, überschüssiges Wasser abgießen, das Lorbeerblatt entfernen und abtropfen lassen.

Das Backrohr auf 180 °C vorheizen. Die gekochten Linsen mit Olivenöl, Tamari und Salz vermischen, auf einem mit Backpapier ausgelegten Backblech verteilen und ca. 50 Minuten knusprig backen. Die Linsen dabei alle 15 Minuten ein Mal durchrühren, damit sie von allen Seiten knusprig werden.

Variante:

Füge Gewürze deiner Wahl wie beispielsweise ein Currygewürz hinzu oder verwende Pesto anstatt des Olivenöls und sorge für Abwechslung. Auch knusprige Knoblauchlinsen mit fermentierter Knoblauchpaste schmecken sehr gut.

„Doppldecka“

TIPP
Kreiere deinen eigenen Lieblings-„Doppldecka“.

Pflanzlich – Laktosefrei

Portionen: 1 Person
Zubereitungszeit: 5 Minuten

Zutaten:

- Frische (Wild-)Kräuter (Spitzwegerich, Giersch, Petersilie usw.) und/oder Sprossen
- 2 Scheiben Sauerteigbrot (siehe Seite 104) oder 1 Vollkorn-Sauerteig-Brötchen (siehe Seite 112)
- 2 EL Lakefrischcreme (siehe Seite 150)
- 2 EL Sauerkraut, Kimchi, fermentiertes Blattgrün oder anderes fermentiertes Gemüse

Zubereitung:

Kräuter klein schneiden. Eine Brotscheibe mit Lakefrischcreme bestreichen, mit den restlichen Zutaten belegen und mit der zweiten Brotscheibe bedecken.

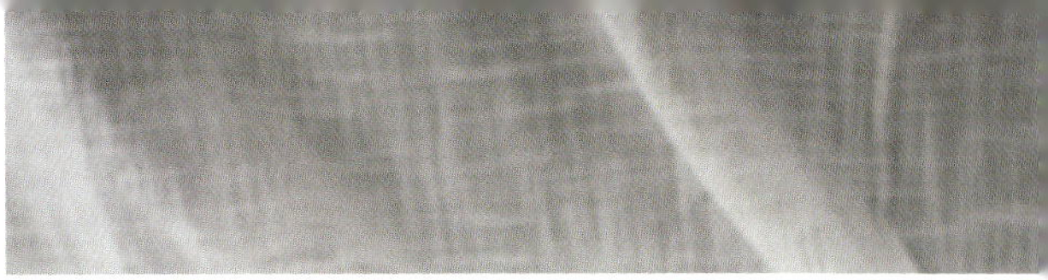

ANMERKUNG

Ein „Doppldecka" ist laut meinem Vater ein Sandwich auf Mühlviertlerisch. Zwischen zwei Lagen Brot kommt hinein, was immer gerade im Kühlschrank zu finden ist. Reste vom letzten Mittagessen, fermentiertes Gemüse, Frischkäse, Käse, Aufstrich, Essig-Gurkerl, Senf, Pesto … Alles was zu finden ist und was das Herz begehrt, ist erlaubt. Er ist ein guter Resteverwerter und als Jause für unterwegs optimal. Fermentiertes Gemüse darf darin nie fehlen. Mein Vater gibt auch immer etwas Wurst oder Schinken in seinen „Doppldecka" und statt der Lakefrischcreme verwendet er einen Kräuterfrischkäse. Sogar Brennnesseln kommen bei ihm in das Brot. Die hier dargestellte Variante ist schnell, einfach und rein pflanzlich.

Pikanter French Toast

Portionen: 1 Person
Zubereitungszeit: 10 Minuten
Einweichzeit: 5 Minuten
Kochzeit: 15 Minuten

Zutaten:

- 1 Ei
- 1 Schuss fermentierte Lake
- 2 Scheiben Vollkorntoast- oder Sauerteigbrot
- 2 Scheiben Käse
- 1 Handvoll frische Spinat- oder Brennnesselblätter
- 1 Tomate
- 2 EL Sauerkraut oder anderes fermentiertes Gemüse
- Salz, Pfeffer

TIPP

Für dieses Rezept kann auch Brot verwendet werden, das nicht mehr so frisch und saftig ist.

Zubereitung:

Eier mit einem Schuss fermentierter Lake und etwas Salz und Pfeffer in einem tiefen Teller gut verrühren. Die Brotscheiben in den Eiern von beiden Seiten kurz ziehen lassen und in einer Pfanne mit Olivenöl beidseitig anbraten. Dabei die gesamte Eimasse in die Pfanne geben und stocken lassen.

Spinat oder Brennnesselblätter waschen, trocken schleudern und klein schneiden. Tomate waschen und in Scheiben schneiden. Käse, Spinat oder Brennnesselblätter und Tomaten auf die Brote in die Pfanne geben. Die Brote zugedeckt bei mittlerer Hitze kurz ziehen lassen, bis der Käse geschmolzen und der Spinat zusammengefallen ist. Den French Toast auf einem Teller anrichten und mit Sauerkraut oder anderem fermentiertem Gemüse servieren.

Linsen-„Tofu“

Pflanzlich – Glutenfrei – Laktosefrei

Portionen: 2 Stück
Zubereitungszeit: 30 Minuten
Einweichzeit: 4–12 Stunden
Kühlzeit: 4 Stunden
Kochzeit: 15 Minuten

Zutaten:

Für den „Tofu“

- 100 g Teller- oder Berglinsen
- 1 Schuss Kombucha
- 70 ml fermentierte Lake
- 200 ml Wasser
- 10 g Olivenöl
- Salz, Pfeffer

Für die Form

- Olivenöl

Zubereitung:

Für den „Tofu“

Linsen mit ausreichend Wasser und einem Schuss Kombucha 4–12 Stunden bei Zimmertemperatur abgedeckt einweichen. Das Wasser abgießen, die Linsen abspülen und mit der Lake, dem Wasser und dem Olivenöl in einem Mixer (Blender) 3 Minuten ganz fein mixen. Die Masse in einen Topf leeren und bei niedriger Temperatur und ständigem Umrühren mit dem Schneebesen 15 Minuten einkochen, sodass eine cremige, Püree ähnliche Konsistenz entsteht. Mit Salz und Pfeffer abschmecken.

Für die Form

Zwei runde Sturzglasformen mit einem Durchmesser von jeweils ca. 12 cm oder eine rechteckige Glasform in der Größe von etwa 10 x 15 cm mit Olivenöl bestreichen, die Masse darin verteilen und glatt streichen. Den *Tofu* bei Zimmertemperatur auskühlen lassen und anschließend für mindestens 4 Stunden in den Kühlschrank geben. Er kann auf einen Teller gestürzt und als Brotaufstrich serviert oder wie Tofu verwendet werden. Einsatz findet er auch als Füllung in der Quiche (siehe Seite 246).

Variante:

Für den *Tofu* können auch andere Hülsenfrüchte verwendet werden. Die Menge der Flüssigkeit und die Einweichzeit sind jedoch immer anzupassen. Kichererbsen werden beispielsweise 24 Stunden eingeweicht und es wird auf 100 g Kichererbsen um ca. 30 g mehr Flüssigkeit (Mischung aus Lake und Wasser) beim Einkochen benötigt. Kichererbsen-*Tofu* bekommt eine festere Konsistenz und ist einfacher in der Pfanne auszubacken. Es können auch zusätzlich Gewürze wie beispielsweise Kurkuma, Kräuter, Pestos oder andere Geschmacksträger wie die fermentierte Knoblauchpaste oder frische Zwiebeln in die Masse gemixt werden.

TIPP

Den „Tofu" in 1 cm dicke Scheiben schneiden und in einer Mischung aus Olivenöl und Tamari von allen Seiten kurz durchziehen lassen. Zwiebeln klein schneiden, in einer Pfanne mit Olivenöl glasig dünsten, zur Seite geben und den „Tofu" beidseitig in der Pfanne anbraten. Er kann auch in der Heißluftfritteuse 10 Minuten bei 180 °C gebacken werden. So bleibt er besser in Form. Den gebratenen „Tofu" mit den Zwiebeln, fermentiertem Gemüse und Kartoffelpüree servieren.

Würzige Bohnen-Pattys

Glutenfrei

Portionen: 6 Stück
Zubereitungszeit: 40 Minuten
Einweichzeit: 48 Stunden
Kochzeit: 60 Minuten
Backzeit: 30 Minuten

Zutaten:

- 120 g Kidneybohnen
- 1 Schuss Kombucha
- 120 ml fermentierte Lake
- 120 ml Wasser
- 1 Lorbeerblatt
- 1 Zwiebel
- 1 EL Olivenöl
- 1 Paprika
- 2 Karotten
- 2 Eier
- 2 EL geriebener Käse
- 2 EL fermentiertes Tomatenketchup (siehe Seite 60)
- 3 EL Haferflocken
- 1 EL fermentiertes Wurzelgemüse (siehe Seite 24)
- 1 TL fermentierte Knoblauchpaste (siehe Seite 44)
- 2 TL Pizzagewürz
- Salz, Pfeffer

TIPP

Bohnen-Pattys können auf verschiedenste Weise serviert werden. Sie passen zu Kartoffelpüree mit fermentiertem Gemüse, zu Salat aus frischem und fermentiertem Gemüse (siehe Seite 182), im „Doppldecka" (siehe Seite 166) oder im Burger (ab Seite 224).

Zubereitung:

Kidneybohnen 48 Stunden in Salzwasser (¾ EL Salz je 1 l Wasser) mit einem Schuss Kombucha abgedeckt bei Zimmertemperatur einweichen. Das trübe Wasser abgießen und die Bohnen mit fermentierter Lake, frischem Wasser und dem Lorbeerblatt 10 Minuten ohne Deckel sprudelnd kochen. Dabei immer wieder den Schaum abschöpfen. Hitze reduzieren, Deckel auf den Topf geben und die Bohnen noch weitere 50–60 Minuten quellen lassen, bis sie keinen harten Kern mehr haben. Das Wasser abgießen, die Bohnen abspülen und das Lorbeerblatt entfernen.

Backrohr auf 200 °C vorheizen. Zwiebel fein hacken, Karotten raspeln und Paprika klein würfeln. Zwiebel in etwas Olivenöl glasig andünsten. Karotten und Paprika zufügen und kurz mitdünsten. Bohnen mit einer Gabel oder einem Kartoffelstampfer zerdrücken und mit dem angedünsteten Gemüse und allen restlichen Zutaten vermengen. Die Masse mit Salz und Pfeffer abschmecken, Laibchen formen, auf ein mit Backpapier ausgelegtes Backblech legen und ca. 30 Minuten backen. In der Zwischenzeit die Pattys einmal wenden.

Gekeimte Falafel mit süß-saurer Tahin-Sauce

Pflanzlich – Glutenfrei – Laktosefrei

Portionen: 18 Stück
Zubereitungszeit: 20 Minuten
Einweichzeit: 12–24 Stunden
Keimzeit: 3 Tage
Backzeit: 15 Minuten

Zutaten:

Für die Falafel

- 250 g Kichererbsen
- 1 Schuss Kombucha
- 1 Zwiebel
- 1 Bund frische Petersilie und/ oder Minze
- 1 EL Currypaste (siehe Seite 48)
- 1 TL Kreuzkümmel
- 2 TL fermentierte Knoblauchpaste (siehe Seite 44)
- 1 EL Olivenöl
- Tamari, Salz, Pfeffer

Für die Sauce

- 6 EL Tahin
- 2 TL Salzzitronen-Paste (siehe Seite 46)
- 150 ml fermentierte Lake
- 3 EL Currypaste (siehe Seite 48)
- 2 Datteln
- Tamari, Salz, Pfeffer

TIPP

Die geformten Falafels vor dem Backen einfrieren, damit sie nicht zusammenkleben. So sind sie jederzeit bereit zum Ausbacken.

Zubereitung:

Für die Falafel

Kichererbsen 12–24 Stunden in ausreichend Wasser mit einem Schuss Kombucha abgedeckt bei Zimmertemperatur einweichen. Anschließend abspülen, abgedeckt in einem Sieb abtropfen und 3 Tage keimen lassen. Dabei alle 12 Stunden abspülen.

Zwiebel und Petersilie oder Minze klein schneiden, mit den gekeimten Kichererbsen und den restlichen Zutaten für die Falafel mixen, sodass fast keine Stücke mehr in der Masse sind, und mit Tamari, Salz und Pfeffer abschmecken. Mit nassen Händen 4 cm große Bällchen daraus formen und in Öl von allen Seiten ausbacken. Sehr gut funktioniert das Ausbacken ohne Öl in einer Heißluftfritteuse bei 180 °C für 15 Minuten.

Für die Sauce

Aus den Zutaten eine Sauce mixen, mit Salz, Pfeffer und Tamari abschmecken und die Falafel mit der Tahinsauce, frischem und/oder fermentiertem Gemüse und Salat servieren.

Kimchi-Rollen

Pflanzlich – Glutenfrei – Laktosefrei

Portionen: 10 Stück
Zubereitungszeit: 30 Minuten
Kochzeit: 5 Minuten

Zutaten:

Für die Fülle

- 3–4 Stück frisches Snack-Gemüse (Gurke, Paprika, Karotten ...)
- 4 Frühlingszwiebeln
- 20–30 Spinat- oder Salatblätter (je nach Größe)
- 2 Handvoll frische (Wild-)Kräuter (Koriander, Petersilie, Basilikum, Löwenzahnblätter, Giersch usw.)

Für die Sauce

- 6 EL Erdnussmus
- 2 TL Salzzitronen-Paste (siehe Seite 46)
- 150 ml fermentierte Lake
- 3 EL Currypaste (siehe Seite 48)
- 2 Datteln
- Tamari, Salz, Pfeffer

Für die Rolle

- 10 Stück rundes Reispapier
- 150 g Kimchi
- Gesalzene Erdnüsse

Zubereitung:

Für die Fülle

Frisches Gemüse waschen, Kerngehäuse entfernen, falls vorhanden, und in ca. 10 cm lange Stifte schneiden oder mit einem Sparschäler hobeln. Frühlingszwiebeln waschen und in feine Ringe schneiden. Spinat- oder Salatblätter waschen und trocken schleudern. (Wild-)Kräuter waschen und klein hacken.

Für die Sauce

Alle Zutaten cremig mixen und mit Salz, Pfeffer und Tamari abschmecken.

Für die Rolle

Reispapier hintereinander kurz in eine flache Schale mit warmem Wasser tauchen, damit es etwas weicher ist. Ein feuchtes Küchentuch bereitlegen und das nasse Reispapier darauflegen. Spinat- oder Salatblätter in die Mitte des Reispapiers geben, geschnittenes Gemüse, Kräuter, Kimchi, Sauce und Erdnüsse darüber. Noch ein Spinat- oder Salatblatt darauflegen. Mit Hilfe des Küchentuches zuerst alle Enden des Reispapiers einschlagen und einrollen.

Variante:

In diese Rollen passt auch Sauerkraut oder anderes fermentiertes Gemüse. Es bringt eine erfrischend angenehme Säure und Würze in die Rollen. Auch Sprossen und Glasnudeln machen sich immer gut in der Rolle. Glasnudeln mit heißem Wasser übergießen, 5 Minuten quellen lassen, abgießen und mit kaltem Wasser abspülen.

Kaspressknödel

Portionen: 6 Stück
Zubereitungszeit: 20 Minuten
Einweichzeit: 2 Stunden
Backzeit: 30 Minuten

Zutaten:

- 2 Zwiebeln
- 2 EL Olivenöl
- 100 g Hartkäse
- 3 Eier
- 300 g Sauerteigbrotwürfel
- 50 ml fermentierte Lake
- 50 ml Wasser
- 1 TL Knoblauchpaste (siehe Seite 44)
- 1 Handvoll frische Kräuter (Petersilie, Schnittlauch ...) oder 1 EL Pesto
- 1 Prise Muskatnuss
- Salz, Pfeffer

TIPP

Schneide übrig gebliebenes Brot würfelig und lasse es auf einem Backblech trocknen. Bewahre es in einem Schraubglas auf.

Die Laibchen lassen sich auch in ungebackenem Zustand einfrieren und bei Bedarf direkt aus dem Tiefkühlfach backen.

Zubereitung:

Zwiebeln klein schneiden. Olivenöl in einer Pfanne erhitzen, die klein geschnittenen Zwiebeln darin glasig andünsten und kurz abkühlen lassen. Käse grob reiben und mit den Sauerteigbrotwürfeln, den Eiern, der gerösteten Zwiebel, der Lake, dem Wasser, der Knoblauchpaste, der Muskatnuss, Salz und Pfeffer vermischen. Den Teig abgedeckt mindestens 2 Stunden durchziehen lassen.

Die Masse abschmecken und mit nassen Händen Laibchen formen. Diese im vorgeheizten Backrohr bei 180 °C ca. 30 Minuten oder in einer Heißluftfritteuse bei 180 °C ca. 15 Minuten backen. Die Laibchen bei der Halbzeit ein Mal wenden.

ANMERKUNG

Die Kombination aus gesäuertem Brot mit geschmolzenem Käse ist immer ein Hochgenuss.

Variante:

Die Kaspressknödel können als Suppeneinlage zu klarer Gemüsesuppe mit fermentierter Lake (siehe Seite 198) serviert werden oder zu Salat aus frischem und fermentiertem Gemüse (siehe Seite 182). Auch die Lakefrischcreme (siehe Seite 150) passt sehr gut zu den Laibchen. Wenn du den Käse im Rezept weglässt, bekommst du Semmel- bzw. Brotknödel.

Rohkostsalat aus frischem und fermentiertem Gemüse

Pflanzlich – Rohkost – Glutenfrei – Laktosefrei

Portionen: 1 Schüssel
Zubereitungszeit: 10 Minuten

Zutaten:

- 1 Blattsalat nach Saison
- 1 Karotte
- 1 Handvoll (Wild-)Kräuter (Petersilie, Minze, Löwenzahn, Giersch, Spitzwegerich usw.)
- 4 EL fermentiertes Gemüse nach Verfügbarkeit und Geschmack
- 1 Handvoll Sprossen
- 100 ml Kombucha-Dressing (siehe Seite 81)

Zubereitung:

Blattsalat waschen, trocken schleudern und je nach Salat in mundgerechte Stücke oder Streifen schneiden. Karotte grob raspeln. (Wild-)Kräuter waschen, trocken schleudern und klein hacken. Blattsalat mit Karotten, fermentiertem Gemüse, Sprossen und Kombucha-Dressing anrichten.

TIPP

Gib für einen fruchtigen Akzent einen Apfel, eine Orange oder ein anderes Obst in deinen Salat. Auch die Kombucha-Rosinen (siehe Seite 88) schmecken gut in diesem Salat.

ANMERKUNG

Das Rezept dient vor allem der Inspiration. Der Salat kann nach Belieben variiert werden. Je nachdem können Zutaten ergänzt oder weggelassen werden.

ERFAHRUNG

Fermentiertes Gemüse schmeckt pur oft zu sauer. Frisches Gemüse hingegen benötigt meist noch etwas Säure wie den Essig im Salat. Fermentiertes Gemüse und frisches Gemüse ergänzen sich daher perfekt in einem schnell zubereiteten Salat. Ein Kombucha-Dressing (siehe Seite 81) steht bei mir immer bereit im Kühlschrank. Damit ist mein Salat im Handumdrehen fertig.

Karottensalat mit fermentierten Melanzani und Rucola

Rohkost – Glutenfrei

Portionen: 2 Personen
Zubereitungszeit: 10 Minuten

Zutaten:

- 4 Karotten
- 150 g Feta
- 2 Handvoll Rucola
- 4 EL fermentierte Melanzani
- 1 Handvoll Kürbiskerne
- 100 ml Kombucha-Dressing (siehe Seite 81)

Zubereitung:

Karotten fein raspeln, Feta zerbröseln und alle Zutaten entweder auf einem Teller farblich sortiert anrichten oder sofort vermischen und abschmecken.

Variante:

Einen guten Farbkontrast bietet fermentiertes Gelbe-Rüben-Kraut als Topping.

TIPP

Der Salat lässt sich gut als Schichtsalat vorbereiten. Zuerst die Karotten als unterste Schicht in das Glas geben, der Rucola macht den Abschluss oben und das Kombucha-Dressing wird in einem extra Glas aufbewahrt. So hält sich der Salat ein paar Tage im Kühlschrank und kann jederzeit sofort angerichtet oder auf eine Grillparty mitgenommen werden.

Tomatensalat mit Sauerkraut und Basilikum

Pflanzlich – Rohkost – Glutenfrei – Laktosefrei

Portionen: 2 Personen
Zubereitungszeit: 5 Minuten

Zutaten:

- 2 große reife Tomaten
- 200 g Sauerkraut
- 1 Bund Basilikum
- Balsamico
- Olivenöl

Zubereitung:

Tomaten in feine Scheiben schneiden. Sauerkraut in eine Schüssel geben und die Tomatenscheiben mit dem Basilikum darauf anrichten. Den Salat mit Balsamico und Olivenöl beträufeln und genießen.

ERFAHRUNG

Ich liebe diese schnelle und einfache Kombination aus reifen, saftigen Tomaten und säuerlich knackigem Sauerkraut mit erfrischendem Basilikum.

Süß-saurer Quinoa-Chinakohl-Salat

Pflanzlich – Glutenfrei – Laktosefrei

Portionen: 4 Personen
Zubereitungszeit: 15 Minuten
Einweichzeit: 4–12 Stunden
Kochzeit: 20 Minuten

Zutaten:

- 200 g Quinoa
- 1 Schuss Kombucha
- 1 Chinakohl
- 2 Kaki
- 100 g fermentiertes Chinakohl-Kraut-Gemüse
- 100 g Cashews
- fermentierte Lake
- Olivenöl

TIPP

Der Salat schmeckt auch am nächsten Tag gut, wenn er im Kühlschrank etwas durchziehen durfte.

Zubereitung:

Quinoa 4–12 Stunden in ausreichend Wasser mit einem Schuss Kombucha einweichen, anschließend abspülen und mit frischem Wasser und etwas Salz 5 Minuten kochen. Hitze reduzieren und noch weitere 10–15 Minuten quellen lassen. Quinoa abspülen, überschüssiges Wasser abgießen und abtropfen lassen.

Chinakohl waschen und in Streifen schneiden. Kaki waschen, halbieren, Strunk entfernen und in mundgerechte Stücke schneiden.

Gekochte Quinoa mit Chinakohl, Kaki, fermentiertem Chinakohl-Kraut-Gemüse und Cashews vermischen, mit fermentierter Lake und Olivenöl marinieren und mit Salz und Pfeffer abschmecken.

Fruchtig frischer Belugalinsen-Schichtsalat

Pflanzlich – Glutenfrei – Laktosefrei

Portionen: 1,5-l-Glas
Zubereitungszeit: 20 Minuten
Einweichzeit: 4–12 Stunden
Kochzeit: 20 Minuten

Zutaten:

Für die 1. Dressing-Schicht

- 2 Bio-Orangen
- 2 EL Leinöl
- 5 EL saurer Kombucha oder Essig
- Salz, Pfeffer

Für die 2. Schicht

- 250 g Belugalinsen
- 1 Schuss Kombucha
- 1 Lorbeerblatt
- Salz

Für die 3. Schicht

- 100 g Kombucha-Rosinen (siehe Seite 88)

Für die 4. Schicht

- 300 g fermentiertes Blaukraut

Für die letzte Schicht oben:

- 4 Handvoll (Wild-) Kräuter (Rucola, Löwenzahnblüten und -blätter, Giersch …)

ERFAHRUNG

Der Salat kann gut vorbereitet werden, da er sich mehrere Tage im Kühlschrank hält. Die (Wild-) Kräuter sind besser, wenn sie frisch auf den Salat gegeben werden. Hat man die Kombucha-Rosinen und das fermentierte Blaukraut vorrätig, ist der Salat einfach und schnell zubereitet.

Zubereitung:

Für die 1. Dressing-Schicht

Orangenschale abreiben, Orange schälen, klein schneiden, mit der abgeriebenen Schale, Leinöl und Kombucha vermischen und mit Salz und Pfeffer abschmecken. Das Dressing als erste Schicht in ein Glas füllen.

Für die 2. Schicht

Linsen 4–12 Stunden in ausreichend Wasser mit einem Schuss Kombucha einweichen, anschließend abspülen und mit frischem Wasser, einem Lorbeerblatt und etwas Salz 5 Minuten kochen. Hitze reduzieren und noch weitere 10–15 Minuten quellen lassen. Linsen abspülen, überschüssiges Wasser abgießen, Lorbeerblatt entfernen, abtropfen lassen und in das Glas zu dem Dressing geben.

Für die 3. und 4. Schicht

Kombucha-Rosinen und fermentiertes Blaukraut über die Linsen in das Glas schichten.

TIPP

Statt der Orangen schmecken Äpfel oder Papaya gut. Die Papaya-Kerne trocknen und über den Salat reiben. Die Kerne sind sehr wertvoll – sie haben eine entzündungshemmende Wirkung, unterstützen das Immunsystem, wirken gegen unerwünschte Bakterien und Pilze im Darm und unterstützen mit dem enthaltenen Enzym Papain die Verdauung.

Für die letzte Schicht oben:

(Wild-) Kräuter waschen, trocken schleudern, klein schneiden und auf dem Salat als letzte Schicht verteilen.

Fermentierter Couscous-Radieschen-Schichtsalat

Portionen: 1,5-l-Glas
Zubereitungszeit: 20 Minuten
Einweichzeit: 12 Stunden

Zutaten:

Für die 1. Couscous-Schicht

- 100 ml Radieschen-Lake
- 100 g Vollkorn-Couscous

Für die 2. Schicht

- 200 g TK-Erbsen
- Salz, Pfeffer
- 2 Frühlingszwiebeln

Für die 3. Schicht

- 1 Bund Schnittlauch
- 250 g Joghurt
- 1 EL Leinöl
- 1 TL Senf
- 1 TL Salzzitronen-Paste (siehe Seite 46)
- 5 Minzblätter
- Salz, Pfeffer
- 1 TL Flohsamenschalen

Für die 4. Schicht

- 10 fermentierte Radieschen

Für die letzte Schicht oben

- 4 Handvoll (Wild-) Kräuter (Schnittlauch, Minze, Rucola, Löwenzahnblätter und -blüten, Schafgarbe, Brennnessel, Gänseblümchen, Giersch, Bärlauch ...)

TIPP

Schichtsalate eignen sich besonders gut zum Mitnehmen auf eine Grillparty oder andere Feier.

Zubereitung:

Für die 1. Couscous-Schicht

Couscous mit Radieschen-Lake vermischen und 12 Stunden in einem ausreichend großen Glas für den Schichtsalat quellen lassen.

Für die 2. Schicht

TK-Erbsen mit etwas Wasser, Salz und Pfeffer erwärmen und abschmecken. Frühlingszwiebeln klein schneiden und mit den Erbsen auf dem Couscous verteilen.

Für die 3. Schicht

Schnittlauch klein schneiden und mit Joghurt, Leinöl, Senf, Salzzitronen-Paste, Minze und Flohsamenschalen mixen. Mit Salz und Pfeffer abschmecken. Das Dressing kurz andicken lassen und über die Erbsen in das Glas geben.

ANMERKUNG

Fermentierte Zutaten schmecken in Schichtsalaten nicht nur gut, sie sind auch mit ihren Farben ein Genuss für die Augen.

Für die letzte Schicht oben

(Wild-) Kräuter waschen, trocken schleudern, klein schneiden und auf dem Salat verteilen. Der Salat hält sich mehrere Tage im Kühlschrank und wird vor dem Servieren in einer Schüssel kurz vermischt.

Blaukrautsalat mit Buchweizen, Linsen und Kürbiskernen

Glutenfrei

Portionen: 3 Personen
Zubereitungszeit: 20 Minuten
Einweichzeit: 4–12 Stunden
Kochzeit: 20 Minuten

Zutaten:

- 50 g Buchweizen
- 50 g Berg-, Beluga- oder Tellerlinsen
- 1 Schuss Kombucha
- 1 Lorbeerblatt
- 1 Apfel
- 1 rote Zwiebel
- 1 Karotte
- 200 g fermentiertes Blaukraut
- 20 g Kürbiskerne
- Blaukrautlake
- Apfelessig oder saurer Kombucha
- Olivenöl
- Honig
- Salz, Pfeffer

Zum Garnieren

- 150 g Feta
- Honig

Zubereitung:

Buchweizen und Linsen zusammen 4–12 Stunden in ausreichend Wasser mit einem Schuss Kombucha einweichen, anschließend abspülen und mit frischem Wasser, einem Lorbeerblatt und etwas Salz 5 Minuten kochen. Hitze reduzieren und noch weitere 10–15 Minuten quellen lassen. Die Buchweizen-Linsen-Mischung abspülen, überschüssiges Wasser abgießen, das Lorbeerblatt entfernen und abtropfen lassen.

Apfel und Zwiebel kleinwürfelig schneiden. Die Karotte grob raspeln. Apfel, Zwiebel, Karotte, Buchweizen-Linsen-Mischung, fermentiertes Blaukraut und Kürbiskerne vermischen und mit Blaukrautlake, Apfelessig oder saurem Kombucha, Olivenöl, Honig, Salz und Pfeffer abschmecken. Den Salat mit Feta und Honig garniert servieren.

Suppen, Eintöpfe und Currys

Klare Gemüsesuppe mit fermentierter Lake

Pflanzlich – Glutenfrei – Laktosefrei

Portionen: 5 Personen
Zubereitungszeit: 10 Minuten
Kochzeit: 20 Minuten

Zutaten:

- 2 Zwiebeln
- 2 EL Olivenöl
- 500 g Suppengemüse (Karotten, Sellerie, Pastinaken, Petersilwurzeln, Kartoffeln …)
- 2 l Wasser
- 300 ml fermentierte Lake
- Tamari, Salz, Pfeffer

Zubereitung:

Zwiebeln klein schneiden und in einem großen Topf mit Olivenöl andünsten. Das Suppengemüse klein schneiden und mit dem Wasser und der fermentierten Lake zu den Zwiebeln in den Topf geben. Das Gemüse in der Suppe 20 Minuten kochen und die Suppe mit Tamari, Salz und Pfeffer abschmecken.

TIPP

Serviere die Suppe mit frischen Kräutern (Petersilie, Schnittlauch usw.) oder etwas Pesto (siehe Seite 74) und in Frittaten geschnittenen Palatschinken aus aktiviertem Buchweizen (siehe Seite 144) oder mit Kaspressknödeln (siehe Seite 180).

Aromatisch-säuerlicher Pho

Pflanzlich – Glutenfrei – Laktosefrei

Portionen: 5 Personen
Zubereitungszeit: 40 Minuten
Kochzeit Pho: 30 Minuten
Kochzeit Reisnudeln: 8 Minuten

Zutaten:

Für den Pho

- 2 Zwiebeln
- 1 Knoblauchknolle
- 1 cm Ingwer
- 2 EL Olivenöl
- ½ Zimtstange
- 4 Sternanis
- 3 Nelken
- 1 EL Koriandersamen
- 4 Karotten
- 1 Handvoll getrocknete Pilze
- 2 l Wasser
- 300 ml fermentierte Lake
- Tamari, Salz, Pfeffer

Für die Pho-Einlage

- 250 g Reisnudeln
- 200 g Zuckerschoten
- 2 Handvoll frischer Spinat, Pak Choi oder Brennnesseln
- 2 Bund frische Kräuter (Thai-Basilikum, Koriander, Minze)
- 200 g Sojabohnensprossen
- 200 g fermentierte Karotten
- 2 Limetten
- Tamari, Salz, Pfeffer

TIPP

Erhitze das Wasser im Wasserkocher, bevor du es in den Topf gibst. So kocht der Pho schneller auf.

Du kannst tiefgekühlte Zuckerschoten verwenden, falls du keine frischen zur Hand hast. Lasse diese kurz im heißem Pho ziehen.

Zubereitung:

Für den Pho

Zwiebeln schälen und vierteln. Knoblauchknolle ungeschält vierteln. Ingwer waschen und im Mörser zerstoßen. Olivenöl in einem ausreichend großen Topf erhitzen. Zwiebeln, Knoblauch und Ingwer 5 Minuten unter Rühren darin anbraten. Zimtstange, Sternanis, Nelken und Koriandersamen hinzufügen und kurz anrösten, bis sie duften.

Karotten in Scheiben schneiden. Karotten, Pilze, Wasser und fermentierte Lake zu den Aromen in den Topf geben, alles 1 Stunden zugedeckt köcheln lassen. Zwischendurch öfters umrühren. Anschließend den Pho durch ein Sieb abgießen, mit Tamari, Salz und Pfeffer abschmecken und warmhalten. An dieser Stelle kann der Pho portioniert aufbewahrt werden. Dafür wird er in sterile Gläser heiß abgefüllt und sofort verschlossen.

Für die Pho-Einlage

Dünne Reisnudeln 2–4 Minuten, dickere Reisnudeln 7–10 Minuten in heißem Wasser ziehen lassen und abgießen. Zuckerschoten längs halbieren. Spinat, Pak Choi oder Brennnesseln waschen und klein schneiden. Kräuterblätter abzupfen. Sojabohnensprossen bereitstellen. Limetten in Scheiben schneiden.

Reisnudeln, Spinat, Pak Choi oder Brennnesseln, Zuckerschoten, Sojabohnensprossen, fermentierte Karotten und Kräuter in Schüsseln anrichten, mit dem heißen Pho aufgießen und mit Limettenscheiben servieren.

ANMERKUNG

Pho ist eine traditionelle vietnamesische Suppe, die aus einer klaren Brühe, Reisnudeln, Fleisch und verschiedenen Gewürzen zubereitet wird. Es ist eines der bekanntesten Gerichte der vietnamesischen Küche. Die Basis von Pho besteht aus einer aromatischen Brühe, die oft aus Rindfleisch oder Hühnchen hergestellt wird. Die Brühe wird mit Zwiebeln, Ingwer, Gewürzen wie Sternanis, Zimt und Nelken sowie Fischsauce und Zucker gewürzt. Sie wird langsam gekocht, um die Aromen zu entwickeln.

Die Brühe wird dann über Reisnudeln und dünn geschnittenes Fleisch wie Rindfleisch oder Hühnchen gegossen. Traditionell wird Pho mit frischen Kräutern wie Koriander, Thai-Basilikum und Minze serviert. Darüber hinaus werden oft frische Sprossen, Limettenscheiben und scharfe Chilis hinzugefügt, um den Geschmack zu variieren.

Pho ist für seinen reichen Geschmack, die Vielfalt der Aromen und die Kombination von weichen Nudeln mit zartem Fleisch und frischen Kräutern bekannt. Es wird oft als Frühstück oder Mittagessen in Vietnam gegessen, kann aber zu jeder Tageszeit genossen werden.

Dieses Rezept ist fleischlos, für den aromatischen Geschmack sorgt die fermentierte Lake in Kombination mit den Gewürzen. Fermentierte Karotten ersetzen das Fleisch und bringen mit den weichen Reisnudeln eine abwechslungsreiche Konsistenz.

ERFAHRUNG

Die Kombination aus wärmenden Gewürzen und erfrischender Säure von fermentiertem Gemüse, Tamari und Limette schmeckt einfach herrlich.

Ich verwende für den Pho gerne Gemüse, welches nicht mehr ganz so schön aussieht. Bei den Zwiebeln lasse ich die ausgewachsenen grünen Stängel dran.

Fenchelcremesuppe

Pflanzlich - Glutenfrei - Laktosefrei

Portionen: 4 Personen
Zubereitungszeit: 10 Minuten
Kochzeit: 30 Minuten

Zutaten:

- 2 Fenchelknollen
- 1 l Wasser
- 200 ml fermentierte Lake
- 2 EL Mandelmus
- Salz, Pfeffer

Zubereitung:

Fenchelknollen waschen, klein schneiden und mit dem Wasser und der fermentierten Lake in einem Topf mit Deckel 30 Minuten kochen. Mandelmus hinzufügen, die Suppe mit einem Pürierstab cremig mixen und mit Salz und Pfeffer abschmecken.

Variante:

Dieses Rezept dient als Basisrezept für eine Gemüsecremesuppe. Das Basisgemüse kann nach Saison und Geschmack variieren.

TIPP

Die Suppe mit frischen Kräutern, fermentiertem Gemüse und Sauerteigbrot servieren.

Thaisuppe fürs Büro

Pflanzlich – Glutenfrei – Laktosefrei

Portionen: 1,5-l-Glas
Zubereitungszeit: 15 Minuten
Kochzeit: 10 Minuten

Zutaten:

Für die Vorbereitung

- 50 g Glasnudeln
- 1 Frühlingszwiebel
- 1 Karotte
- 2 EL fermentiertes Krautgemüse
- 100 g Tofu
- 1 cm Ingwer
- 1 EL Kokosöl
- 1 EL Currypaste (siehe Seite 48)
- 2 EL Miso
- 1 Handvoll Spinat

Für die Fertigstellung

- Tamari, Salz, Pfeffer

Zubereitung:

Für die Vorbereitung

Die Glasnudeln mit heißem Wasser übergießen, 5 Minuten ziehen lassen, abgießen, mit kaltem Wasser abspülen und abtropfen lassen. Frühlingszwiebel in feine Ringe schneiden, Karotten grob raspeln, Tofu klein schneiden. Glasnudeln, Frühlingszwiebeln, Karotten, fermentiertes Krautgemüse und Tofu in das Glas schichten.

Für die Paste

Ingwer waschen, im Mörser zerstoßen, mit Kokosöl, Currypaste und Miso zu einer Paste verrühren und auf dem Tofu im Glas verteilen. Zum Abschluss den Spinat klein schneiden und in das Glas geben.

ERFAHRUNG

Die Suppe eignet sich sehr gut als schnelle wärmende Mahlzeit für Zwischendurch im Büro, da sie gut vorzubereiten und mitzunehmen und schnell und einfach fertiggestellt ist.

Für die Fertigstellung

Damit die Suppe bis zum Servieren heiß ist, wird sie in zwei Schritten mit heißem Wasser übergossen. Im ersten Schritt nur so viel heißes Wasser in das Glas füllen, damit die Zutaten bedeckt sind. Die Suppe zugedeckt 5 Minuten ziehen lassen, nochmals mit heißem Wasser übergießen, mit Tamari, Salz und Pfeffer abschmecken und sofort genießen.

Zitronig frische Linsensuppe mit fermentiertem Blattgrün

Pflanzlich – Glutenfrei – Laktosefrei

Portionen: 4 Personen
Zubereitungszeit: 10 Minuten
Kochzeit: 20 Minuten

Zutaten:

Für die Suppe

- 1 Lauch
- 2 EL Olivenöl
- 1 TL Kurkumapulver
- 2 TL Kreuzkümmel
- 500 ml Wasser
- 200 ml fermentierte Lake
- 250 g gelbe oder rote Linsen
- 1 EL Salzzitronen-Paste (siehe Seite 46)
- Salz, Pfeffer, Zitronensaft

Zum Servieren

- Dukkah-Gewürz (siehe Seite 76)
- Fermentiertes Blattgrün (siehe Seite 26)

Zubereitung:

Für die Suppe

Lauch waschen und in Ringe schneiden. Olivenöl in einem Topf erwärmen und den Lauch darin glasig andünsten. Kreuzkümmel im Mörser zerstoßen, mit dem Kurkumapulver zu dem Lauch geben und unter Rühren kurz anbraten. Mit Wasser und fermentierter Lake aufgießen, die Linsen in einem Sieb waschen und mit Salzzitronen-Paste und Pfeffer hinzufügen. Die Suppe 20 Minuten kochen, anschließend pürieren, mit Salz, Pfeffer und Zitronensaft abschmecken und bei Bedarf noch etwas heißes Wasser hinzufügen.

Zum Servieren

Die Suppe mit fermentiertem Blattgrün und Dukkah-Gewürz servieren.

Tomaten-Linsen-Cremesuppe

Pflanzlich – Glutenfrei – Laktosefrei

Portionen: 2 Personen
Zubereitungszeit: 10 Minuten
Kochzeit: 20 Minuten

Zutaten:

- 1 Zwiebel
- 2 EL Olivenöl
- 100 g rote Linsen
- 400 g rauchig süß-saure Tomatensauce (siehe Seite 66)
- 100 g Kokosmilch
- 1 EL Olivenöl
- Saurer Kombucha
- Salz, Pfeffer

Zubereitung:

Zwiebel schälen, klein schneiden und in Olivenöl andünsten. Linsen waschen, abtropfen lassen und mit der Tomatensauce und der Kokosmilch zu der Zwiebel in den Topf geben. Die Suppe zugedeckt 20 Minuten bei mittlerer Flamme kochen, anschließend pürieren, mit Salz, Pfeffer und saurem Kombucha abschmecken und bei Bedarf noch etwas heißes Wasser hinzufügen.

TIPP

Serviere die Suppe mit Feta und fermentiertem Blattgrün.

Erfrischende Erbsen-Kokos-Suppe

Pflanzlich - Glutenfrei - Laktosefrei

Portionen: 5 Personen
Zubereitungszeit: 10 Minuten
Kochzeit: 10 Minuten

Zutaten:

- 1 Bund Frühlingszwiebeln
- 1 EL Kokosöl
- 1 kg TK-Erbsen
- 400 ml Kokosmilch
- 500 ml Wasser
- 250 ml fermentierte Lake
- 1 Bund Basilikum
- 2 TL Salzzitronen-Paste (siehe Seite 46)
- Salz, Pfeffer

Zubereitung:

Frühlingszwiebeln klein schneiden und mit Kokosöl in einem Topf andünsten. Erbsen, Kokosmilch, Wasser und fermentierte Lake hinzufügen und zugedeckt 10 Minuten kochen. Basilikum klein schneiden. Die Suppe vom Herd nehmen, mit dem Basilikum und den Salzzitronen-Paste cremig mixen und mit Salz und Pfeffer abschmecken.

TIPP

Serviere fermentierte rosarote Radieschen, einen Tupfen Kokosjoghurt und frische Basilikumblätter zu der grünen Suppe für eine schöne Farb- und Geschmackskombination.

Süßkartoffel-Linsencurry mit fermentiertem Blattgrün

Pflanzlich – Glutenfrei – Laktosefrei

Portionen: 5 Personen
Zubereitungszeit: 30 Minuten
Kochzeit: 50 Minuten

Zutaten:

- 1 Zwiebel
- 2 Karotten
- 600 g Süßkartoffeln
- 250 g gelbe oder rote Linsen
- 3 cm Ingwer
- 1 EL Kreuzkümmel
- 2 EL Olivenöl
- 300 ml Wasser
- 200 ml fermentierte Lake
- 2 TL Kurkumapulver
- 1 EL Currypaste (siehe Seite 48)
- 450 g rauchig süß-saure Tomatensauce (siehe Seite 66)
- 400 ml Kokosmilch
- 100 g Cashewkerne
- Tamari, Salz, Pfeffer

Zum Servieren:

- 1 Bund Koriander oder Petersilie
- Fermentiertes Blattgrün (siehe Seite 26)

TIPP

Portioniert, heiß in Gläser abgefüllt, luftdicht verschlossen und im Kühlschrank gelagert hält sich das Curry bis zu einem Monat.

Zubereitung:

Zwiebeln schälen und klein würfeln. Karotten und Süßkartoffeln waschen und in mundgerechte Stücke schneiden. Rote Linsen waschen. Ingwer waschen und mit Kreuzkümmel in einem Mörser zerstoßen.

Zwiebeln in Olivenöl 10 Minuten glasig andünsten. Süßkartoffeln, Karotten, rote Linsen, Ingwer mit Kreuzkümmel, Kurkumapulver, Currypaste, Wasser, fermentierter Lake und Tomatensauce zu den Zwiebeln in den Topf geben, alles aufkochen, Kokosmilch hinzufügen und auf kleiner Flamme zugedeckt unter regelmäßigem Rühren 40 Minuten köcheln lassen.

Cashewkerne während der letzten 10 Minuten dazugeben und mitköcheln. Das Curry mit Tamari, Salz und Pfeffer abschmecken und mit klein geschnittenem Koriander oder Petersilie und fermentiertem Blattgrün servieren.

Linsen-Quinoa-Buchweizen-Chili mit fermentiertem Blattgrün

Pflanzlich – Glutenfrei – Laktosefrei

Portionen: 5 Personen
Zubereitungszeit: 15 Minuten
Einweichzeit: 4–12 Stunden
Kochzeit: 50 Minuten

Zutaten:

Für das Chili

- 160 g Beluga-, Berg- oder Tellerlinsen
- 60 g Quinoa
- 60 g Buchweizen
- 1 Schuss Kombucha
- 1 Zwiebel
- 300 g Süßkartoffeln
- 1 cm Ingwer
- 1 TL Kreuzkümmel
- 2 Stück dunkle Schokolade
- 2 EL Olivenöl
- 1 TL Paprikapulver
- ½ TL geräuchertes Paprikapulver
- Chilipulver nach Geschmack
- 1 TL Knoblauchpaste (siehe Seite 44)
- 1 EL fermentierte Paprika-Salsa
- 200 g rauchig süß-saure Tomatensauce (siehe Seite 66)
- 1 EL dunkles Kakaopulver
- 400 ml Wasser
- 200 ml fermentierte Lake
- Tamari, Salz, Pfeffer
- 200 g Kidneybohnen gekocht

Zum Servieren

- Joghurt
- Fermentierte Paprika-Salsa
- Fermentiertes Blattgrün (siehe Seite 26)
- Sauerteigbrot

Zubereitung:

Für das Chili

Linsen, Quinoa und Buchweizen gemeinsam in ausreichend Wasser mit einem Schuss Kombucha 4–12 Stunden abgedeckt einweichen. Anschließend gut abspülen.

Zwiebel feinwürfelig schneiden, Süßkartoffeln grob reiben, Ingwer waschen, klein schneiden und mit Kreuzkümmel in einem Mörser zerstoßen, Schokolade klein schneiden. Zwiebel in Olivenöl bei niedriger Flamme 10 Minuten andünsten, bis die Zwiebel weich und süß ist. Paprikapulver, Chilipulver, Kreuzkümmel und Ingwer hinzufügen und kurz anbraten. Alle anderen Zutaten bis auf die Bohnen zugeben und das Chili zum Kochen bringen. Die Temperatur senken und das Ganze ca. 30 Minuten quellen lassen. Mit Tamari, Salz und Pfeffer abschmecken, Bohnen hinzufügen und weitere 10 Minuten quellen lassen.

Zum Servieren

Das Chili mit Joghurt, fermentiertem Blattgrün, scharfer Paprikasalsa und Sauerteigbrot servieren.

Variante:

Das Chili kann auch in einem Slow Cooker zubereitet werden. Nach dem Einweichen der Linsen-Quinoa-Buchweizen-Mischung alle Zutaten bis auf die Bohnen in den Slow Cooker geben und gut verrühren. Auf Stufe *Low* für ca. 5–6 Stunden quellen lassen. 1 Stunden vor Garzeitende die Bohnen hinzufügen. Bei Bedarf Wasser zugeben und abschmecken. Der Slow Cooker hat den Vorteil, dass die Zutaten langsam bei niedriger Temperatur köcheln und sich dabei alle Aromen gut entfalten können. Außerdem bleiben viele Vitalstoffe wegen der niedrigen Temperatur erhalten.

Süßlupinen-Linsen-Dal

Pflanzlich – Glutenfrei – Laktosefrei

Portionen: 3 Personen
Zubereitungszeit: 15 Minuten
Kochzeit: 40 Minuten

Zutaten:

- 100 g Süßlupinenschrot
- 100 g gelbe Linsen
- 2 Zwiebeln
- 1 Süßkartoffel
- 2 cm Ingwer
- 1 TL Kreuzkümmel
- 1 TL Koriandersamen
- ½ TL Fenchelsamen
- 1 EL Kokosöl
- 1 TL Kurkuma
- 1 TL Zimt
- 100 ml fermentierte Lake
- 200 ml Wasser
- 200 ml Kokosmilch
- ½ TL Knoblauchpaste (siehe Seite 44)
- Salz, Pfeffer

Zubereitung:

Süßlupinenschrot und gelbe Linsen waschen. Zwiebeln und Süßkartoffel schälen und kleinwürfelig schneiden. Ingwer waschen, klein schneiden und mit Kreuzkümmel, Koriandersamen und Fenchelsamen im Mörser zerstoßen. Zwiebeln in Kokosöl 10 Minuten glasig andünsten. Alle Zutaten bis auf die Kokosmilch hinzufügen und zum Kochen bringen. Hitze reduzieren, Kokosmilch zugeben und 30 Minuten köcheln, bis die gewünschte Konsistenz erreicht ist. Den Dal mit Salz und Pfeffer abschmecken und heiß servieren.

TIPP

Den Dal mit Reis und fermentiertem Blattgrün servieren. Probiere auch ein Kombucha-Chutney (siehe Seite 86) dazu, falls du gerade eines vorrätig hast.

ANMERKUNG

Ein „Dal“ ist ein Begriff aus der indischen Küche und bezeichnet eine Art von Hülsenfruchtgericht. Es wird aus verschiedenen Sorten von Hülsenfrüchten wie Linsen, Bohnen oder Erbsen zubereitet, die gekocht und mit Gewürzen wie Knoblauch, Ingwer, Kreuzkümmel, Kurkuma und anderen aromatischen Zutaten verfeinert werden. Dal wird oft mit Reis oder Brot wie Naan serviert und ist eine beliebte vegetarische oder vegane Mahlzeit in Indien und anderen Teilen Südasiens. Es gibt viele verschiedene Arten von Dal, darunter Mung Dal, Urad Dal, Toor Dal und Chana Dal, die jeweils unterschiedliche Hülsenfruchtsorten verwenden und geschmacklich variieren können.

Besondere Spezialitäten

Burger

Es gibt viele verschiedene Möglichkeiten einen Burger ohne Fleisch zuzubereiten. Von Gemüse-Pattys über Tofu-Pattys, Bohnen-Pattys bis hin zu Pilz-Pattys. Auch ein guter Feta oder Grillkäse kann der Star in der Mitte sein. Hier möchte ich ein paar Anregungen für Burger-Kombinationen geben, um dich für deine eigenen Kreationen zu inspirieren. Wichtig ist ein gutes Burger-Brötchen (siehe Seite 118). Du kannst die Brötchen auf Vorrat zubereiten und einfrieren. So kannst du mit deinen restlichen Vorräten immer schnell einen Burger der besonderen Art für dich, deine Familie oder deine Gäste zubereiten. Mit saftig-säuerlich fermentiertem Gemüse aus der Vorratskammer wird jeder Burger in kurzer Zeit zum Hochgenuss.

Burger mit Grillkäse und Sauerkraut

Portionen: 1 Burger
Zubereitungszeit: 10 Minuten
Backzeit: 10 Minuten

Zutaten:

- 1 Burger-Brötchen ohne Hefe (siehe Seite 118)
- 100 g Halloumi
- Olivenöl
- 1 EL scharfe Paprikasalsa
- 2 Scheiben Tomaten
- 3 dünne Scheiben Zwiebel
- 2 EL Sauerkraut (siehe Seite 22)
- 2 EL fermentiertes Tomatenketchup (siehe Seite 60)

Zubereitung:

Halloumi in einer Pfanne mit Olivenöl beidseitig anbraten. Bürgerbrötchen aufschneiden und den Burger mit den Zutaten befüllen.

Burger mit Tempeh und Zucchini-Relish

Portionen: 1 Burger
Zubereitungszeit: 10 Minuten
Backzeit: 10 Minuten

Zutaten:

- 1 Burger-Brötchen ohne Hefe (siehe Seite 118)
- 100 g Tempeh
- Tamari
- Olivenöl
- 1 EL Zucchini-Relish (siehe Seite 50)
- 4 Scheiben Gurken
- 3–4 Gierschblätter
- 2 EL Kombucha-Chutney (siehe Seite 86)

Zubereitung:

Tempeh mit Tamari marinieren und in einer Pfanne mit Olivenöl beidseitig anbraten. Burgerbrötchen aufschneiden und den Burger mit den Zutaten befüllen.

Burger mit Bohnen-Patty und Gurken-Kimchi

Portionen: 1 Burger
Zubereitungszeit: 10 Minuten
Backzeit: 10 Minuten

Zutaten:

- 1 Burger-Brötchen ohne Hefe (siehe Seite 118)
- 1 würziges Bohnen-Patty (siehe Seite 174)
- 3 dünne Scheiben rote Zwiebel
- 4 Scheiben Gurken
- 2 EL fermentiertes Tomaten-ketchup (siehe Seite 60)
- 2 EL Gurken-Kimchi (siehe Seite 38)
- 3–4 Löwenzahnblätter

Zubereitung:

Würziges Bohnen-Patty beidseitig in einer Pfanne mit Olivenöl oder in der Heißluftfritteuse anbraten. Burgerbrötchen aufschneiden und den Burger mit den Zutaten befüllen.

Burger mit Feta und fermentiertem Blaukraut

Portionen: 1 Burger
Zubereitungszeit: 10 Minuten

Zutaten:

- 1 Burger-Brötchen ohne Hefe (siehe Seite 118)
- 1 EL Pesto (siehe Seite 74)
- 100 g Feta
- 2 EL fermentiertes Blaukraut
- 2 EL Kombucha-Chutney (siehe Seite 86)
- 5–6 Rucola-Blätter

Zubereitung:

Burgerbrötchen aufschneiden und den Burger mit den Zutaten befüllen.

TIPP

Hier kann auch das Blaukraut-Abdeckblatt aus dem Glas mit fermentiertem Blaukraut verwendet werden.

Burger mit Bohnen-Patty und fermentiertem Blattgrün

Portionen: 1 Burger
Zubereitungszeit: 10 Minuten
Backzeit: 10 Minuten

TIPP

Es können auch fermentierte Blätter dienen, die zum Abdecken beim Fermentieren genutzt wurden.

Zutaten:

- 1 Burger-Brötchen ohne Hefe (siehe Seite 118)
- 1 würziges Bohnen-Patty (siehe Seite 174)
- 1 EL Zucchini-Relish (siehe Seite 50)
- 2 Scheiben Tomaten
- 4 Scheiben Gurken
- 2 EL fermentiertes Tomatenketchup (siehe Seite 60)
- 2 EL fermentiertes Blattgrün (siehe Seite 26)

Zubereitung:

Würziges Bohnen-Patty beidseitig in einer Pfanne mit Olivenöl oder in der Heißluftfritteuse anbraten. Burgerbrötchen aufschneiden und den Burger mit den Zutaten befüllen.

Pizza

Der Ursprung der Pizza, wie wir sie heute kennen, liegt in Neapel, Italien. Im 18. Jahrhundert wurde dort die erste Pizzeria eröffnet und die Pizza wurde zu einem beliebten Gericht unter der armen Bevölkerung Neapels. Einfache Teigfladen wurden mit Tomaten, Mozzarella-Käse und anderen lokalen Zutaten belegt und in Holzöfen gebacken.

Mitte des 19. Jahrhunderts entstand die klassische Margherita-Pizza, die zu Ehren von Königin Margherita von Italien kreiert wurde. Diese Pizza hatte die Farben der italienischen Flagge: rote Tomaten, weiße Mozzarella-Käse und grünes Basilikum.

Die Popularität der Pizza wuchs und verbreitete sich über die Grenzen Italiens hinaus. Im 20. Jahrhundert wanderten viele Italiener in die Vereinigten Staaten aus und brachten ihre kulinarische Tradition mit. In den USA wurde die Pizza schnell zu einem Favoriten und entwickelte sich zu einer der beliebtesten Fast-Food-Speisen des Landes.

Heute gibt es unzählige Arten von Pizza, von der traditionellen Margherita bis hin zu kreativen Belägen wie Ananas und Schinken. Die Pizza hat sich zu einem internationalen Phänomen entwickelt und wird auf der ganzen Welt genossen. Obwohl ihre Geschichte viele Jahrhunderte umfasst, bleibt die Pizza ein zeitloses Gericht, das die Menschen mit ihrem köstlichen Geschmack und ihrer Vielseitigkeit begeistert.

Fermentiertes Gemüse eignet sich hervorragend als Pizzabelag. Es kann vor dem Backen unter den Käse gegeben oder zur gebackenen Pizza serviert werden. Als pflanzlicher Käse-Ersatz schmeckt die Lakefrischcreme (siehe Seite 150) besonders gut. Einen intensiven Tomatengeschmack bringt das fermentierte Tomatenketchup (siehe Seite 60) auf die Pizza. Und ein guter Pizzateig ist natürlich aus Sauerteig (siehe Seite 114).

Hier ein paar Inspirationen für eine Pizza mit fermentiertem Belag.

Pizza mit Käse und Sauerkraut

TIPP
Frisches Sauerkraut zur Pizza servieren.

Portionen: 2 Stück
Zubereitungszeit: 10 Minuten
Backzeit: 10–15 Minuten

Zutaten:

- 1 Pizzateig ohne Hefe (siehe Seite 114)
- 6 EL fermentiertes Tomatenketchup (siehe Seite 60)
- 1 Zwiebel
- 2 EL Sauerkraut (siehe Seite 22)
- ½ roter Spitzpaprika
- 2 Handvoll geriebener Pizzakäse
- Pizzagewürz

Zubereitung:

Backrohr auf 300 °C vorheizen. Zwei runde kleine Pizzen aus dem Teig formen. Die Zwiebel in dünne Ringe schneiden, den Paprika entkernen und ebenfalls in dünne Ringe schneiden. Alle Zutaten auf den Pizzateigen verteilen. Die Pizzen im vorgeheizten Backrohr bei 300 °C für 10–15 Minuten und backen und heiß servieren.

Pizza mit Lakefrischcreme und fermentiertem Blattgrün

Pflanzlich – Laktosefrei

Portionen: 2 Stück
Zubereitungszeit: 10 Minuten
Backzeit: 10–15 Minuten

Zutaten:

- 1 Pizzateig ohne Hefe (siehe Seite 114)
- 6 EL fermentiertes Tomatenketchup (siehe Seite 60)
- 1 Zwiebel
- 20 Tropfenchilis (frisch oder fermentiert) oder 4–5 Pfefferoni
- 4 EL fermentiertes Blattgrün (siehe Seite 26)
- 6 EL Lakefrischcreme (siehe Seite 150)
- Pizzagewürz

Zubereitung:

Backrohr auf 300 °C vorheizen. Zwei runde kleine Pizzen aus dem Teig formen. Die Zwiebel in dünne Ringe schneiden. Alle Zutaten auf den Pizzateigen verteilen. Die Pizzen im vorgeheizten Backrohr bei 300 °C für 10–15 Minuten backen und heiß servieren.

One-Pot-Pasta mit fermentierter Lake

Pflanzlich – Laktosefrei

Portionen: 3 Personen
Zubereitungszeit: 10 Minuten
Kochzeit: 20 Minuten

Zutaten:

- 250 g Gemüse und/oder Pilze der Saison
- 1 Zwiebel
- 200 g Nudeln
- 300 ml Wasser
- 100 ml fermentierte Lake
- 2 Handvoll Spinat oder Brennnesseln
- 1 TL Knoblauchpaste (siehe Seite 44)
- 100 g Lakefrischcreme (siehe Seite 150)
- 50 g Cashews
- Tamari, Salz, Pfeffer

Zubereitung:

Gemüse und/oder Pilze waschen und klein schneiden. Zwiebel schälen und klein würfeln. Alle Zutaten bis auf den Spinat oder die Brennnesseln, die Knoblauchpaste, die Lakefrischcreme und die Cashews in einen großen Topf mit Deckel geben, kurz aufkochen und anschließend zugedeckt 15 Minuten bei mittlerer Hitze köcheln.

Spinat oder Brennnessel waschen, klein schneiden und für 3 Minuten mit der Knoblauchpaste, der Lakefrischcreme und den Cashews in den Topf geben.

Die Nudeln mit Tamari, Salz und Pfeffer abschmecken, servieren.

ANMERKUNG

One-Pot-Pasta ist eine Methode zum Zubereiten von Nudelgerichten, bei der alle Zutaten zusammen in einem einzigen Topf gekocht werden. Der Begriff „One-Pot“ bedeutet wörtlich übersetzt „ein Topf“ und bezieht sich auf die Tatsache, dass alle Bestandteile des Gerichts gemeinsam gekocht werden, anstatt sie separat zuzubereiten. Es ist ideal für schnelle Mahlzeiten unter der Woche oder wenn man wenig Zeit zum Kochen hat. Die Aromen aus der Fermentation sorgen in diesem Rezept für den Wow-Effekt. Als schneller Beilagen-Salat eignet sich fermentiertes Gemüse.

Curry-Reisnudeln mit Erdnüssen

Pflanzlich – Glutenfrei – Laktosefrei

Portionen: 2 Personen
Zubereitungszeit: 10 Minuten
Kochzeit: 2–10 Minuten

Zutaten:

Für die Reisnudeln

- 120 g Zuckerschoten
- 120 g Reisnudeln
- 2 Frühlingszwiebeln
- 2 Handvoll frische (Wild-) Kräuter (Koriander, Minze, Petersilie, Giersch ...)
- 2 Handvoll gesalzene Erdnüsse
- 4 EL fermentierte Karotten

Für die Sauce

- 4 EL Erdnussmus
- 1 TL Salzzitronen-Paste (siehe Seite 46)
- 100 ml fermentierte Lake
- 2 EL Currypaste (siehe Seite 48)
- 1 Dattel
- 2 EL Tamari

Zubereitung:

Zuckerschoten waschen, Stiele entfernen, längs halbieren und mit den Reisnudeln in heißes Wasser geben. Dünne Reisnudeln 2–4 Minuten, dickere Reisnudeln 7–10 Minuten darin ziehen lassen. Alle Zutaten für die Sauce mixen. Frühlingszwiebeln waschen und in feine Ringe schneiden. Kräuter waschen und klein schneiden. Nudeln mit Zuckerschoten abgießen, mit kaltem Wasser abspülen, abtropfen lassen, mit der Sauce vermischen und mit Frühlingszwiebeln, Kräutern, gesalzenen Erdnüssen und fermentierten Karotten servieren.

ANMERKUNG

Reisnudeln passen sehr gut zu der Säure von fermentiertem Gemüse. Die Kombination mit frischen Kräutern und knackigen Erdnüssen ist einfach wunderbar und schnell zubereitet.

Gemüse-Hirse-Bowl mit süß-saurer Sauce

Pflanzlich – Glutenfrei – Laktosefrei

Portionen: 4 Personen
Zubereitungszeit: 40 Minuten
Einweichzeit: 4–12 Stunden
Kochzeit Hirse: 20 Minuten
Kochzeit Wirsing: 20 Minuten
Backzeit: 60 Minuten

Zutaten:

Für die Hirse

- 250 g Hirse
- 1 Schuss Kombucha

Für den Wirsing

- 1 Lauch
- 1 Wirsing
- 1 roter Spitzpaprika
- 1 Schuss fermentierte Lake
- 1 EL Olivenöl
- Tamari, Salz, Pfeffer

Für die Süßkartoffeln

- 2 Süßkartoffeln
- 1 EL Olivenöl
- 1 EL Currygewürz
- Salz, Pfeffer

Für die Roten Rüben

- 2 rote Zwiebeln
- 1 Rote Rübe
- 1 Apfel
- 1 Schuss fermentierte Lake
- 1 EL Olivenöl
- Salz, Pfeffer

Für die Sauce

- 6 EL Tahin
- 2 TL Salzzitronen-Paste (siehe Seite 46)
- 150 ml fermentierte Lake
- 1 Dattel

Zum Garnieren

- fermentiertes Gemüse
- frisches Gemüse
- schwarzer Sesamsamen

Zubereitung:

Für die Hirse

Hirse 4–12 Stunden in Wasser mit einem Schuss Kombucha abgedeckt bei Zimmertemperatur quellen lassen, abspülen und mit frischem Wasser und etwas Salz 5 Minuten sprudelnd kochen. Hitze reduzieren, 15 Minuten weich kochen, abspülen und abtropfen lassen.

Für den Wirsing

Lauch waschen und in feine Ringe schneiden. Spitzpaprika waschen, halbieren, entkernen und in Streifen schneiden. Wirsing waschen, vierteln, Strunk entfernen und in dünne Streifen schneiden. Lauch in Olivenöl bei geringer Hitze 10 Minuten langsam andünsten. Wirsing, Paprika und fermentierte Lake hinzufügen. Das Gemüse mit Deckel 10 Minuten weich dünsten.

Für die Roten Rüben

Backrohr auf 180 °C vorheizen. Rote Zwiebeln kleinwürfelig schneiden. Rote Rübe und Apfel waschen und würfelig schneiden. Alle Zutaten in einem Bräter vermischen und zugedeckt 45 Minuten braten. Deckel entfernen, umrühren und weitere 15 Minuten braten.

Für die Süßkartoffeln

Süßkartoffeln waschen, würfelig schneiden, mit Olivenöl, Currygewürz, Salz und Pfeffer vermischen und für 45 Minuten zu den Roten Rüben in den Backofen geben. Zwischendurch öfters umrühren.

Für die Sauce

Aus den Zutaten eine Sauce mixen und abschmecken.

Zum Garnieren

Hirse, Wirsing, Rote Rüben und Süßkartoffeln in einer großen Schüssel oder Pfanne anrichten und mit frischem und fermentiertem Gemüse, der Sauce und schwarzen Sesamsamen garnieren.

Variante:

Werde kreativ bei deiner Auswahl der Getreidesorte und dem Gemüse für deine Bowl. Wie wäre es beispielsweise mit einer Kimchi-Bowl mit Reis, gebratenem Chinakohl, gebratenem Tempeh, frischen Frühlingszwiebeln, Kimchi und Currysauce?

Gefüllte Paprika mit Tomatensauce

Pflanzlich – Glutenfrei – Laktosefrei

Portionen: 4 Personen
Zubereitungszeit: 40 Minuten
Einweichzeit: 4–12 Stunden
Kochzeit: 30 Minuten
Backzeit: 40 Minuten

Zutaten:

Für die Paprika

- je 100 g Reis, Rote Linsen
- 1 Schuss Kombucha
- 6–8 Paprika
- 1 Zwiebel
- 2 EL Olivenöl
- 2 TL Pizzagewürz
- 50 ml fermentierte Lake
- 100 ml Wasser
- Tamari, Salz, Pfeffer

Für die Tomatensauce

- 1 Zwiebel
- 2 EL Olivenöl
- 200 g fermentiertes Tomatenketchup (siehe Seite 60)
- 200 ml heißes Wasser

Für die Fertigstellung

- 800 g Kartoffeln
- Salz

TIPP

Als Tomatensauce kann auch die rauchig süß-saure Tomatensauce von Seite 66 verwendet werden.

Zubereitung:

Für die Paprika

Reis und rote Linsen in Wasser mit einem Schuss Kombucha abgedeckt bei Zimmertemperatur 4–12 Stunden einweichen. Paprika waschen, den Strunk abschneiden, Kerngehäuse entfernen. Zwiebel schälen, klein würfeln und in Olivenöl glasig dünsten. Reis-Linsen-Mischung abgießen, waschen, zu den Zwiebeln geben, mit fermentierter Lake und Wasser aufgießen, Pizzagewürz hinzufügen, ein Mal kurz aufkochen lassen, Hitze reduzieren und mit Deckel 15–20 Minuten quellen lassen. Die Reis-Linsen-Mischung mit Tamari, Salz und Pfeffer abschmecken und die ausgehöhlten Paprika damit befüllen.

Für die Tomatensauce

Zwiebel schälen, klein würfeln und in Olivenöl glasig dünsten. Fermentiertes Tomatenketchup und heißes Wasser hinzufügen und die Sauce kurz einkochen lassen.

Für die Fertigstellung

Backrohr auf 180 °C vorheizen. Tomatensauce mit gefüllten Paprika in einen Bräter geben und 40 Minuten braten. In der Zwischenzeit die Kartoffeln schälen, weich kochen und mit den gefüllten Paprika heiß servieren.

Variante:

Verwende nur Reis und fülle damit Zucchiniblüten, wie es in der mediterranen Küche üblich ist, die du in der Pfanne ohne Tomatensauce garst. Dazu serviere Tsatsiki.

Kartoffel-Kürbis-Pfanne mit Kräuter-Lauch-Dressing

Glutenfrei

Portionen: 3 Personen
Zubereitungszeit: 30 Minuten
Kochzeit Kartoffeln und Kürbis: 10 Minuten
Kochzeit Lauch: 10 Minuten
Kochzeit Pfanne: 20 Minuten

Zutaten:

Für die Kartoffel-Kürbis-Pfanne

- 500 g Kartoffeln
- 1 kleiner Hokkaido-Kürbis
- 2 Stangen Lauch
- 1 EL Olivenöl

Für das Kräuter-Lauch-Dressing

- 4 EL Joghurt
- 1 Handvoll frische Kräuter (Petersilie, Schnittlauch ...)
- 1 TL Salzzitronen-Paste (siehe Seite 46)
- Salz, Pfeffer

Für die Fertigstellung

- 1 TL Kümmel
- Salz, Pfeffer
- 3 Eier nach Bedarf
- Frische Kräuter
- Fermentiertes Kraut

Zubereitung:

Für die Kartoffel-Kürbis-Pfanne

Kartoffeln waschen und schälen, Kürbis waschen und Kerngehäuse entfernen. Kartoffeln und Kürbis kleinwürfelig schneiden und über Wasserdampf weich kochen. Dafür zuerst die Kartoffeln alleine für 5 Minuten kochen, dann den Kürbis hinzufügen und weitere 5 Minuten gemeinsam kochen.

Lauch in feine Ringe schneiden und 10 Minuten bei niedriger Hitze in einer großen Pfanne mit Olivenöl weich dünsten. Die Pfanne soll auch Platz haben für die Kartoffeln und den Kürbis später.

Für das Kräuter-Lauch-Dressing

3 EL vom gedünsteten Lauch zur Seite geben, etwas auskühlen lassen und mit den anderen Zutaten für das Dressing mixen und abschmecken.

Für die Fertigstellung

Gedünstetes Gemüse zum Lauch geben und ca. 15 Minuten anbraten, sodass eine goldbraune Kruste entsteht. Dafür nicht zu oft umrühren. Kümmel mahlen und daruntermischen. Mit Salz und Pfeffer abschmecken. Die Pfanne kann ohne oder mit Eiern serviert werden. Für die Eier mit einem Löffel Nester bauen. In jedes Nest ein Ei aufschlagen, den Deckel auf die Pfanne geben und die Eier 3–5 Minuten stocken lassen.

Das Pfannengemüse auf Tellern verteilen und mit dem Dressing, fermentiertem Kraut und frischen Kräutern anrichten.

Quiche mit Grünkohl und Süßkartoffelhaube

Pflanzlich – Laktosefrei

Portionen: 1 Quiche
Zubereitungszeit: 60 Minuten
Kochzeit: 40 Minuten
Backzeit: 40–50 Minuten

Zutaten:

Für den Teig

- 200 g Vollkorndinkelmehl
- 1 TL Salz
- 50 g Olivenöl
- 75 g kaltes Wasser

Für die Grünkohl-Fülle

- ½ Grünkohl
- 1 TL Salz
- 1 Prise Natron
- 2 EL Olivenöl
- 1 Stange Lauch
- 1 EL Curry-Gewürz
- Tamari, Salz, Pfeffer

Für die Süßkartoffelhaube

- 800 g Süßkartoffeln
- 2 EL Olivenöl
- Salz, Pfeffer, Muskatnuss
- Heißes Wasser

Für die Fertigstellung

- 1 Linsen-*Tofu* (siehe Seite 170)

Zum Servieren

- Olivenöl
- Schwarzkümmel
- Fermentiertes Gemüse

TIPP

Die Quiche kann gut vorbereitet werden. Den Tisch schön decken mit Tellern, Besteck, Servietten, Gläsern, Getränken, fermentiertem Gemüse und einem Untersetzter für die Quiche, die heiß in der Mitte des Tisches serviert und alle Gäste zum Staunen bringen wird.

Zubereitung:

Für den Teig

Alle Zutaten für den Teig in eine Schüssel geben, mit den Händen kurz durchkneten, zu einer Teigkugel formen und bis zur weiteren Verarbeitung abgedeckt kühl stellen.

Für die Grünkohl-Fülle

Den Grünkohl waschen und klein schneiden. Wasser mit Salz und Natron in einem großen Topf erhitzen, den Grünkohl 10 Minuten darin blanchieren und abgießen. Lauch in feine Ringe schneiden, Olivenöl in einer Pfanne erhitzen und den Lauch darin bei geringer Hitze 10 Minuten andünsten. Grünkohl und Currygewürz untermischen, mit Tamari, Salz und Pfeffer abschmecken und zur Seite geben.

Für die Süßkartoffelhaube

Süßkartoffeln schälen, würfelig schneiden und 20 Minuten über Wasserdampf weich dünsten. Wasser in einem Wasserkocher erhitzen. Die weichen und noch heißen Süßkartoffelwürfel mit Olivenöl, Salz, Pfeffer und Muskatnuss in eine Schüssel geben und mit einem Handmixer zu einem Püree mixen. Dabei nur so viel heißes Wasser wie nötig daruntermixen und abschmecken.

Für die Fertigstellung

Eine Quiche-Form mit Olivenöl einfetten und das Backrohr bei 180 °C vorheizen. Für den Teig etwas Buchweizenmehl auf die Arbeitsfläche geben und den Teig mit einem Teigroller zu einem Kreis ausrollen, der die Quiche-Form gut auskleiden wird.

Den Teig mithilfe des Teigrollers in die befettete Form geben, mit den Händen an die Form anpassen, die überschüssigen Teigränder abschneiden und den Boden mehrmals mit einer Gabel einstechen. Den Boden für 12 Minuten vorbacken.

Den Linsen-*Tofu* in dünne Scheiben schneiden und die Quiche damit auslegen. Darüber die Grünkohl-Lauch-Masse verteilen und mit der Süßkartoffelhaube abschließen. Wenn noch etwas Teig übrig ist, Figuren (Sterne, Herzen ...) daraus ausstechen und darauflegen. Die Quiche ca. 30 Minuten fertig backen. Die Quiche mit etwas Olivenöl beträufeln, mit Schwarzkümmel bestreuen und noch heiß mit fermentiertem Gemüse servieren.

Kürbisstrudel mit Tsatsiki und fermentiertem Blaukraut

Pflanzlich – Laktosefrei

Portionen: 2 Strudel
Zubereitung: 40 Minuten
Rastzeit Teig: 3–8 Stunden
Einweichzeit Linsen: 4–12 Stunden
Kochzeit Linsen: 20 Minuten
Backzeit Strudel: 60 Minuten

Zutaten:

Für den Strudelteig

- 250 g Dinkelmehl T 700
- 1 TL Salz
- 20 g Olivenöl
- 25 g saurer Kombucha
- 100 g lauwarmes Wasser

Zum Rasten

- Olivenöl

Zum Ausziehen

- Buchweizenmehl

Für die Fülle

- 100 g Teller-, Berg- oder Belugalinsen
- 1 Schuss Kombucha
- 1 Schuss fermentierte Lake
- 1 Lorbeerblatt
- 1 Hokkaidokürbis (1–1,5 kg)
- 1 EL Curry-Gewürz
- 180 g fermentiertes Tomatenketchup (siehe Seite 60)
- Salz, Pfeffer
- Olivenöl

Zum Bestreichen

- Olivenöl

Zum Servieren

- Fermentiertes Blaukraut
- Soja-Tsatsiki (siehe Seite 148)

Zubereitung:

Für den Strudelteig

Den Strudelteig nach Anleitung auf Seite 120 zubereiten und ausziehen.

Für die Fülle

Linsen mit ausreichend Wasser und einem Schuss Kombucha 4–12 Stunden abgedeckt bei Zimmertemperatur stehen lassen, anschließend abspülen und mit frischem Wasser, dem Lorbeerblatt, einem Schuss Lake und etwas Salz zum Kochen bringen. Hitze reduzieren, 15 Minuten quellen lassen und anschließend abspülen und abtropfen lassen.

Den Hokkaidokürbis waschen, er muss nicht geschält werden. Den gewaschenen Kürbis halbieren, entkernen, die ausgehöhlten Hälften in breite Streifen schneiden und diese mit Hilfe einer Gemüsehobel oder einer Küchenmaschine in dünne Scheiben hobeln.

Die Kürbishobeln mit 1 TL Salz, einer Prise Pfeffer und dem Currygewürz vermengen.

Sobald der Strudelteig bereit ist, das Backrohr auf 180 °C vorheizen. Den Strudelteig auf zwei Mal ausziehen und mit Olivenöl mit Hilfe eines Pinsels bestreichen.

Jeweils die Hälfte der Kürbishobeln, der Linsen und des fermentierten Tomatenketchups auf dem Teig verteilen. Die Teigenden von allen Seiten nach innen einklappen. Mit Hilfe des Geschirrtuchs den Teig einrollen und vorsichtig in eine eingefettete Form oder auf ein mit Backpapier ausgelegtes Backblech rollen. Die Naht soll dabei nach unten schauen. Den Vorgang mit der zweiten Hälfte des Strudelteiges wiederholen.

Den Teig mit einer Mischung aus Wasser und Olivenöl bepinseln und 60 Minuten backen.

Den Strudel warm mit fermentiertem Blaukraut und Soja-Tsatsiki (siehe Seite 148) servieren.

Variante:

Verteile etwas zerbröselten Feta über den Kürbis, bevor du den Strudel einrollst.

Kuchen und süße Rezeptideen

Kombucha-Eiskaffee-Schnitten

Pflanzlich – Rohkost – Glutenfrei – Laktosefrei

Portionen: 1 Schnitte (ca. 20 x 25 cm)
Zubereitungszeit: 30 Minuten
Einweichzeit: 4–8 Stunden
Fermentationszeit: 0–2 Tage
Tiefkühlzeit: 10 Stunden

TIPP

Verwende für den Kaffeekombucha Kaffee statt Tee bei der 1ten Fermentation.

Zutaten:

Für den Boden

- 100 g Buchweizen
- 100 g Haferflocken
- 20 g Kokosmehl
- 100 g Datteln
- 100 ml Kaffeekombucha

Für die Creme

- 150 g Datteln
- 150 g Cashewmus
- 40 g Kokosöl
- 100 ml Kaffeekombucha
- 10 g Getreidekaffee

Für die Glasur

- 80 g dunkle Schokolade
- 20 g Kokosöl

Zubereitung:

Für den Boden

Buchweizensprossen ziehen. Dafür den Buchweizen 4–8 Stunden in Wasser einweichen und anschließend abspülen. Der Buchweizen kann sofort nach dem Einweichen und Abspülen weiterverwendet werden oder innerhalb der nächsten 1–2 Tage. Dafür den abgespülten Buchweizen in ein Sprossenglas oder in ein Sieb geben und ihn zwei Mal täglich spülen.

Eine rechteckige Form (ca. 20 x 25 cm) mit Backpapier auslegen. Buchweizensprossen, Haferflocken, Kokosmehl, Datteln und Kaffeekombucha in einer Küchenmaschine cremig mixen und die Masse in der vorbereiteten Form glatt streichen. Den Boden für mindestens 4 Stunden tiefkühlen.

Für die Creme

Die Zutaten zu einer Creme mixen, auf den tiefgekühlten Boden glatt streichen und die Schnitte für mindestens weitere 6 Stunden tiefkühlen.

Für die Glasur

Schokolade und Kokosöl in einem Wasserbad schmelzen lassen und auf der tiefgekühlten Kombucha-Kaffee-Creme verteilen. Die Schnitte ist nun bereit zum Verzehr oder kann mehrere Wochen tiefgekühlt gelagert werden.

TIPP

Schneide die Schnitte in mundgerechte Stücke, bevor du sie endgültig tiefkühlst. Dann kannst du jederzeit zwischendurch ein Stück direkt aus der Tiefkühlung auf der Zunge zergehen lassen.

Erfrischende Erdbeer-Joghurt-Eisschnitten

TIPP

Eine schöne rote Farbe im Kom bucha bekommst du mit Hibiskustee in der 1ten Fermentation.

Pflanzlich – Rohkost – Laktosefrei

Portionen: 1 Schnitte (ca. 20 x 25 cm)
Zubereitungszeit: 30 Minuten
Einweichzeit: 4–8 Stunden
Fermentationszeit: 0–2 Tage
Tiefkühlzeit: 10 Stunden

Zutaten:

Für den Boden

- je 100 g Buchweizen und gepoppter Dinkel mit Honig
- 20 g Kokosmehl
- 100 g Datteln
- 100 ml Hibiskus-Kombucha

Für die Creme

- je 100 g Datteln, Mandelmus, Erdbeermarmelade
- 20 g Kokosöl
- 70 ml Hibiskus-Kombucha
- 100 g Sojajoghurt

Für die Glasur

- 80 g dunkle Schokolade
- 20 g Kokosöl

Zubereitung:

Für den Boden

Buchweizensprossen ziehen. Dafür den Buchweizen 4–8 Stunden in Wasser einweichen und anschließend abspülen. Der Buchweizen kann sofort nach dem Einweichen und Abspülen weiterverwendet werden oder innerhalb der nächsten 1–2 Tage. Dafür den abgespülten Buchweizen in ein Sprossenglas oder in ein Sieb geben und ihn zwei Mal täglich spülen.

Eine rechteckige Form (ca. 20 x 25 cm) mit Backpapier auslegen. Buchweizensprossen, gepoppten Dinkel, Kokosmehl, Datteln und Hibiskus-Kombucha in einer Küchenmaschine cremig mixen und die Masse in der vorbereiteten Form glatt streichen. Den Boden für mindestens 4 Stunden tiefkühlen.

Für die Creme

Die Zutaten zu einer Creme mixen, auf den tiefgekühlten Boden glatt streichen und die Schnitte für mindestens weitere 6 Stunden tiefkühlen.

Für die Glasur

Schokolade und Kokosöl in einem Wasserbad schmelzen lassen und auf der tiefgekühlten Erdbeer-Joghurt-Creme verteilen. Die Schnitte ist nun bereit zum Verzehr oder kann mehrere Wochen tiefgekühlt gelagert werden.

TIPP

Silikonbackformen eignen sich sehr gut zum Einfrieren dieser Schnitte. Auch ohne Backpapier löst sich die Eisschnitte gut aus der Form.

Kombucha-Erdnuss-Eisschnitten

Pflanzlich – Rohkost – Glutenfrei – Laktosefrei

Portionen: 1 Schnitte (ca. 20 x 25 cm)
Zubereitungszeit: 30 Minuten
Einweichzeit: 4–8 Stunden
Fermentationszeit: 0–2 Tage
Tiefkühlzeit: 10 Stunden

Zutaten:

Für den Boden

- 100 g Buchweizen
- 100 g gepoppter Amaranth
- 20 g Kokosmehl
- 100 g Datteln
- 100 ml Kombucha

Für die Creme

- 150 g Datteln
- 150 g Erdnussmus
- 40 g Kokosöl
- 100 ml Kombucha
- 1 TL Salzzitronen-Paste (siehe Seite 46)

Für die Glasur

- 80 g dunkle Schokolade
- 20 g Kokosöl

Zubereitung:

Für den Boden

Buchweizensprossen ziehen. Dafür den Buchweizen 4–8 Stunden in Wasser einweichen und anschließend abspülen. Der Buchweizen kann sofort nach dem Einweichen und Abspülen weiterverwendet werden oder innerhalb der nächsten 1–2 Tage. Dafür den abgespülten Buchweizen in ein Sprossenglas oder in ein Sieb geben und ihn zwei Mal täglich spülen.

Eine rechteckige Form (ca. 20 x 25 cm) mit Backpapier auslegen. Buchweizensprossen, gepoppten Amaranth, Kokosmehl, Datteln und Kombucha in einer Küchenmaschine cremig mixen und die Masse in der vorbereiteten Form glatt streichen. Den Boden für mindestens 4 Stunden tiefkühlen.

Für die Creme

Die Zutaten zu einer Creme mixen, auf den tiefgekühlten Boden glatt streichen und die Schnitte für mindestens weitere 6 Stunden tiefkühlen.

Für die Glasur

Schokolade und Kokosöl in einem Wasserbad schmelzen lassen und auf der tiefgekühlten Erdnuss-Creme verteilen. Die Schnitte ist nun bereit zum Verzehr oder kann mehrere Wochen tiefgekühlt gelagert werden.

Kaffeekombucha-Creme

Pflanzlich – Rohkost – Glutenfrei – Laktosefrei

Portionen: 3 Personen
Zubereitungszeit: 10 Minuten
Einweichzeit: 4–12 Stunden

Zutaten:

- 200 g Cashews
- 200 g Kaffeekombucha
- 5 Datteln
- 2 EL Instant Getreidekaffee

Zubereitung:

Alle Zutaten in ein großes Glas geben und 4–12 Stunden im Kühlschrank quellen lassen. Anschließend mit einem Pürierstab cremig mixen.

TIPP

Verwende für den Kaffeekombucha Kaffee statt Tee bei der 1ten Fermentation.

TIPP

Die Creme schmeckt als Dessert-Creme in einem Glas zum Löffeln, kann als Torten- bzw. Kuchencreme verwendet werden oder als Ganache für Cupcakes.

Mango-Kombucha-Creme

Pflanzlich – Rohkost – Glutenfrei – Laktosefrei

Portionen: 3 Personen
Zubereitungszeit: 10 Minuten
Einweichzeit: 4–12 Stunden

Zutaten:

- 200 g Cashews
- 300 ml Kombucha
- 50 g getrocknete Mangos
- 5 Datteln
- ½ TL Kurkuma

TIPP

Serviere die Creme als Dessert mit frischen Früchten oder als Creme auf einem fruchtigen Kuchen.

Zubereitung:

Alle Zutaten in ein großes Glas geben und 4–12 Stunden im Kühlschrank quellen lassen. Anschließend mit einem Pürierstab cremig mixen.

Schoko-Kokos-Kuchen mit Rote-Rüben-Kombucha-Creme

Pflanzlich – Glutenfrei – Laktosefrei

Portionen: 1 Kuchen
Zubereitungszeit: 20 Minuten
Einweichzeit: 4–12 Stunden
Backzeit: 30 Minuten

Zutaten:

Für den Kuchen

- 150 g Kokosflocken
- 100 g Buchweizenmehl
- 50 g Kakaopulver
- ½ TL Backpulver
- 100 g Kokosöl
- 100 g Zucker
- 1 Prise Vanille
- 1 Prise Salz
- 100 g Apfelmus oder fermentiertes Apfelmus (siehe Seite 84)
- 100 ml Kombucha
- 100 ml Wasser

Für die Creme

- 200 g Cashews
- 230 ml Kombucha
- 5 g getrocknete Rote Rüben
- 5 Datteln
- 100 g Himbeeren

Zum Dekorieren

- Kakaonibs
- Bunte Blüten
- Kokosflocken

TIPP

Für einen fruchtigen Rote-Rüben-Kombucha fermentiere deinen Kombucha in der zweiten Fermentation mit Roten Rüben und Himbeeren.

Zubereitung:

Für den Kuchen

Backofen auf 180 °C vorheizen. Eine runde Kuchenform (24 cm Durchmesser) oder eine eckige Form (20 x 30 cm) mit Kokosöl ausfetten oder mit einem Backpapier belegen. Kokosflocken mit Buchweizenmehl, Kakaopulver und Backpulver vermischen. Kokosöl, Zucker, Vanille, Salz, Apfelmus, Kombucha und warmes Wasser zuerst verrühren und anschließend unter die Nuss-Mehl-Mischung rühren, sodass alle Zutaten miteinander verbunden sind. Die Kuchenmasse in der vorbereiteten Backform glatt streichen und den Kuchen für 30 Minuten backen.

Für die Creme

Alle Zutaten in ein großes Glas geben und 4–12 Stunden im Kühlschrank quellen lassen. Anschließend mit einem Pürierstab cremig mixen. Die Creme auf dem ausgekühlten Kuchen glatt streichen und mit Kakaonibs, Blüten und Kokosflocken dekorieren.

Variante:

Probiere anstatt der Rote-Rüben-Kombucha-Creme die Kaffeekombucha-Creme von Seite 260 oder die Mango-Kombucha-Creme von Seite 262 auf dem Kuchen.

Beeren-Kokos-Tarte

Pflanzlich – Laktosefrei

Portionen: 1 Tarte
Tiefkühlzeit: 30 Minuten
Zubereitungszeit: 50 Minuten
Backzeit: 40–50 Minuten

Zutaten:

Für den Mürbteig

- 100 g Kokosöl
- 200 g Vollkorndinkelmehl
- ½ TL Salz
- 50 g Apfelmus oder Kombucha-Marmelade (siehe Seite 69)
- 50 ml kaltes Wasser
- Buchweizenmehl zum Ausarbeiten des Teiges

Für die Fülle

- 100 g Kokosmehl
- 500 g Sojajoghurt
- 60 g Cashews oder Cashewmus
- 10 Datteln
- 1 Msp. Vanille

Für die Fertigstellung

- 200 g Heidelbeermarmelade
- 250 g Heidelbeeren

Für das Topping

- Kokosflocken
- Cashewkerne
- Figuren aus überschüssigem Teig

Zubereitung:

Das Kokosöl für den Mürbteig mit zwei kleinen Löffeln portioniert auf einem flachen Teller verteilen und für 30 Minuten tiefkühlen. In der Zwischenzeit eine Tarteform mit Kokosöl einfetten und die Fülle zubereiten.

Für die Fülle

Kokosmehl, Sojajoghurt, Cashews oder Cashewmus, Datteln und Vanille in einem Mixer zu einer Creme verarbeiten.

Für den Mürbteig

Das Backrohr bei 180 °C vorheizen. Das gekühlte und fest gewordene Kokosöl, Vollkornmehl, Salz, Apfelmus oder Marmelade und Wasser in einem Mixer (Food Processor) kurz zu einer krümeligen Masse verarbeiten und weiter mit der Hand zu einem Teig verkneten. Der Teig kann sofort weiterverarbeitet werden. Dafür etwas Buchweizenmehl auf die Arbeitsfläche geben und den Teig mit einem Teigroller zu einem Kreis ausrollen, der die Tarteform gut auskleiden wird. Den Teig mithilfe des Teigrollers in die befettete Tarteform geben, mit den Händen an die Form anpassen, die überschüssigen Teigränder abschneiden und den Boden mehrmals mit einer Gabel einstechen. Den Boden für 12 Minuten vorbacken.

Für die Fertigstellung

Sobald der Boden vorgebacken ist, diesen mit Heidelbeermarmelade bestreichen, die Creme darauf verteilen und mit den Heidelbeeren belegen.

Für das Topping

Falls genug Teigreste übrig sind, aus diesen Figuren ausstechen und auf der Tarte verteilen. Kokosflocken darüberstreuen und ein paar Cashewkerne grob hacken und auf der Tarte verteilen. Die Tarte für weitere 30 Minuten fertig backen.

Variante:

Die Tarte kann in alle möglichen Varianten mit Früchten der Saison abgewandelt werden. Sehr gut schmeckt auch die Kombination Kirschen mit Schokolade. Dafür Kirschenmarmelade verwenden, etwas Kakaopulver in die Fülle mixen und Stücke von dunkler Schokolade mit Kirschen darüber verteilen.

Nuss- und Mohn-Taschen

Pflanzlich – Laktosefrei

Portionen: 18 Stück
Zubereitungszeit: 40 Minuten
Tiefkühlzeit: 20 Minuten
Backzeit: 30 Minuten

Zutaten:

Für den Mürbteig

- 100 g Kokosöl
- 200 g Vollkorndinkelmehl
- ½ TL Salz
- 50 g Apfelmus oder Kombucha-Marmelade (siehe Seite 84 oder 69)
- 50 ml kaltes Wasser
- Buchweizenmehl zum Ausarbeiten des Teiges

Für die Nussfülle

- 50 g Haselnüsse
- 80 g Kombucha-Marmelade (siehe Seite 69)

Für die Mohnfülle

- 1 Banane
- ½ TL Salzzitronen-Paste (siehe Seite 46)
- 50 g Mohn gerieben
- 50 g Kombucha-Marmelade (siehe Seite 69)
- 1 Prise Vanille

Zubereitung:

Das Kokosöl für den Mürbteig mit zwei kleinen Löffeln portioniert auf einem flachen Teller verteilen und für 20 Minuten tiefkühlen. In der Zwischenzeit die Füllen zubereiten.

Für die Nussfülle

Haselnüsse fein mahlen und mit der Kombucha-Marmelade verrühren.

Für die Mohnfülle

Bananen zerdrücken und mit Salzzitronen-Paste, geriebenem Mohn und Kombucha-Marmelade und Vanille verrühren.

Für den Mürbteig

Das gekühlte und fest gewordene Kokosöl, Vollkornmehl, Salz, Apfelmus oder Marmelade und Wasser in einem Mixer (Food Processor) zu einer krümeligen Masse verarbeiten und weiter mit der Hand zu einem Teig verkneten. Der Teig kann sofort weiterverarbeitet werden. Dafür etwas Buchweizenmehl auf die Arbeitsfläche geben, den Teig mit einem Teigroller ausrollen und mit einem runden Ausstecher (mit ca. 10 cm Durchmesser) Kreise ausstechen.

Für die Fertigstellung

Das Backrohr bei 180 °C vorheizen und ein Backblech mit Backpapier belegen. Je 1 TL Mohn- oder Nussfülle in die Mitte der ausgestochenen Kreise geben, diese zusammenklappen und an den Enden festdrücken. Die Taschen im Backrohr 30 Minuten backen.

Heidelbeer-Strudel

Pflanzlich – Laktosefrei

Portionen: 2 Strudel
Zubereitungszeit: 30 Minuten
Rastzeit: 3–8 Stunden
Backzeit: 50–60 Minuten

Zutaten:

Für den Strudelteig

- 250 g Dinkelmehl T 700
- 1 TL Salz
- 20 g Olivenöl
- 25 g saurer Kombucha
- 100 ml lauwarmes Wasser

Zum Rasten

- Etwas Olivenöl

Zum Ausziehen

- Etwas Buchweizenmehl

Für die Fülle

- 100 g Kokosmehl
- 500 g Sojajoghurt
- 60 g Cashews oder Cashewmus
- 10 Datteln
- 1 Msp. Vanille
- 200 g Heidelbeermarmelade
- 300 g Heidelbeeren

Zum Bestreichen

- Etwas Olivenöl

Zubereitung:

Für den Strudelteig

Den Strudelteig nach Anleitung auf Seite 120 zubereiten und ausziehen.

Für die Fülle

Kokosmehl, Joghurt, Cashewmus, Datteln und Vanille in einem Mixer zu einer Creme verarbeiten.

Sobald der Strudelteig bereit ist, das Backrohr auf 180 °C vorheizen. Den Strudelteig auf zwei Mal ausziehen und mit Olivenöl mit Hilfe eines Pinsels bestreichen.

Jeweils die Hälfte der Heidelbeermarmelade, der Creme und der Heidelbeeren auf einem ausgezogenen Strudelteig verteilen. Die Teigenden von allen Seiten nach innen einklappen. Mit Hilfe des Geschirrtuchs den Teig einrollen und vorsichtig in eine eingefettete Form oder auf ein mit Backpapier ausgelegtes Backblech rollen. Die Naht soll dabei nach unten schauen. Den Vorgang mit der zweiten Hälfte des Strudelteiges wiederholen. Den Teig mit einer Mischung aus Wasser und Olivenöl bepinseln und 50–60 Minuten backen.

Variante:

Auf die gleiche Weise kann auch ein Kirschenstrudel mit Kirschenmarmelade und Kirschen zubereitet oder ein anderes Obst verwendet werden.

Rum-Linsen-Kugeln mit Kaffeekombucha

Pflanzlich – Glutenfrei – Laktosefrei

Portionen: 35 Stück
Zubereitungszeit: 60 Minuten
Einweichzeit: 4–12 Stunden
Kühlzeit: 30 Minuten

TIPP

Verwende für den Kaffeekombucha Kaffee statt Tee bei der 1ten Fermentation.

Zutaten:

Für die Kugeln

- 100 g Tellerlinsen
- 1 Schuss Kombucha
- 1 Prise Salz
- 15 weiche Datteln
- 2 EL dunkles Kakaopulver
- 1 TL Flohsamenschalen
- 50 ml Kaffeekombucha
- Rum nach Geschmack

Zum Wälzen

- Kokosflocken

Zubereitung:

Für die Kugeln

Linsen 4–12 Stunden in ausreichend Wasser mit einem Schuss Kombucha einweichen. Anschließend abspülen und mit frischem Wasser und einer Prise Salz 5 Minuten aufkochen. Hitze reduzieren und noch weitere 10–15 Minuten quellen lassen. Die fertig gekochten Linsen noch einmal gut abspülen. Gekochte Linsen, Datteln, Kakaopulver, Flohsamenschalen mit Kaffeekombucha und Rum in einer Küchenmaschine (Food Processor) cremig mixen. Die Masse mit Kaffeekombucha und Rum abschmecken und für 30 Minuten in den Kühlschrank stellen.

Zum Wälzen

Aus der Masse mit feuchten Händen Kugeln rollen und in Kokosflocken wälzen. Die Rum-Linsen-Kugeln kühl lagern.

ANMERKUNG

Diese Rumkugeln enthalten wenig Fett und keinen Fabrikzucker, dafür sind sie reich an Eiweiß, Ballaststoffen und wertvollen Probiotika.

Schokodatteln mit Salzzitronen-Erdnuss-Fülle

Pflanzlich – Rohkost – Glutenfrei – Laktosefrei

Portionen: 10 Stück
Zubereitungszeit: 20 Minuten
Kühlzeit: 1 Stunde

Zutaten:

- 10 Datteln
- 1 EL Salzzitronen-Paste (siehe Seite 46)
- 2 EL Erdnussmus
- 40 g dunkle Schokolade

Zubereitung:

Datteln entkernen und jeweils mit einer Messerspitze Salzzitronen-Paste und ca. ½ Teelöffel Erdnussmus füllen. Die Schokolade im Wasserbad schmelzen lassen, die gefüllten Datteln damit überziehen und im Kühlschrank für ca. 1 Stunde fest werden lassen.

ERFAHRUNG

Die Schokodatteln schmecken ohne Schokoüberzug bereits sehr gut und sind ein schneller und geschmacksintensiver Snack für Zwischendurch, der die Lust auf Süßes stillt.

Kürbis-Muffins mit fermentierten Karotten

Pflanzlich – Glutenfrei – Laktosefrei

Portionen: 8 Stück
Zubereitungszeit: 30 Minuten
Backzeit: 50 Minuten

Zutaten:

- 250 g Hokkaido-Kürbis
- 40 g Kokosöl
- 100 g Mandeln
- 60 g Haferflocken
- 60 g Buchweizenmehl
- ½ TL Backpulver
- 140 g Apfelmus oder fermentiertes Apfelmus (siehe Seite 84)
- 10 Datteln
- ½ TL Zimt
- ½ TL Ingwerpulver
- 1 Prise Vanille
- 1 Prise Nelkenpulver
- 60 g fermentiertes Karotten-kraut

Zubereitung:

Backrohr auf 180 °C vorheizen. Den Kürbis waschen, halbieren, entkernen, würfeln und mit Kokosöl im vorgeheizten Rohr für ca. 30 Minuten weich backen. Den Kürbis etwas auskühlen lassen. Mandeln und Haferflocken fein mahlen und mit dem Buchweizenmehl und Backpulver in einer großen Schüssel vermischen. Muffin-Förmchen vorbereiten.

Apfelmus, Datteln, Zimt, Ingwerpulver, Vanille, Nelkenpulver, gebackenen und ausgekühlten Kürbis mit dem Kokosöl mixen und mit etwas Wasser und dem fermentierten Karottenkraut unter die Mandel-Hafer-Buchweizenmischung rühren. Der Teig soll nicht zu fest sein, aber auch nicht flüssig. Die Masse in die vorbereiteten Muffin-Förmchen füllen und ca. 50 Minuten backen.

ERFAHRUNG

Ich backe den Teig gerne in Herz-Silikon-Formen mit einer Aushöhlung in der Mitte und fülle die fertig gebackenen Herzen mit Kombucha-Marmelade (siehe Seite 69).

Variante:

Der Teig kann in viele Varianten abgewandelt werden. Beispielsweise können statt dem Kürbis auch Zucchini verwendet werden. Anstelle der Mandeln können andere Nüsse oder Sonnenblumenkerne hinzugefügt werden. Auch Schokoladestücke schmecken sehr gut in dem Teig.

Bananen-Schoko-Mohn-Kuchen mit fermentierten Karotten

Pflanzlich – Glutenfrei – Laktosefrei

Portionen: 1 Kuchen
Zubereitungszeit: 20 Minuten
Backzeit: 50–60 Minuten

Zutaten:

- 150 g Sonnenblumenkerne
- 70 g Mohn gemahlen
- 150 g Buchweizenmehl
- 1 TL Backpulver
- 100 g dunkle Schokolade
- 2 Bananen
- 100 g Kokosöl
- 10 Datteln
- 100 g Kombucha-Marmelade (siehe Seite 69)
- 300 ml warmes Wasser
- 1 Prise Vanille
- 1 Prise Salz
- 150 g fermentiertes Karottenkraut
- Sonnenblumenkerne für die Form

Zubereitung:

Backrohr auf 180 °C vorheizen und eine Kastenform mit Öl bestreichen oder mit Backpapier auslegen. Sonnenblumenkerne in einem Mixer fein mahlen und mit dem gemahlenen Mohn, dem Buchweizenmehl und dem Backpulver vermischen. Dunkle Schokolade klein schneiden und dazugeben.

Bananen schälen und klein schneiden. Kokosöl, Datteln, Kombucha-Marmelade, Wasser, Vanille und Salz mixen und mit der geschnittenen Banane und dem fermentierten Karottenkraut unter die trockenen Zutaten rühren.

Ein paar Sonnenblumenkerne in der Kastenform verteilen, die Teigmasse darübergeben, gleichmäßig verstreichen und den Kuchen 50–60 Minuten backen.

Variante:

Der Kuchen schmeckt auch gut mit Früchten wie beispielsweise Kirschen. Mische sie unter den Teig oder verteile sie auf dem Kuchen vor dem Backen.

ANMERKUNG

Kann man Olivenöl im Kuchen verwenden? Ich sage ja. Ich verwende gerne ein mildes Olivenöl, damit dessen Geschmack im Kuchen nicht zu intensiv wird. Andere pflanzliche Öle, wie beispielsweise das Sonnenblumenöl, sind zwar milder im Geschmack, aber stark behandelt, damit sie für eine längere Lagerung und zum Backen geeignet sind. Pflanzliche Öle sind sehr empfindlich und können oxidieren und ranzig werden, wenn sie Luft, Hitze und Licht ausgesetzt sind. Um dies zu verhindern, werden oft Antioxidationsmittel und Lichtschutzmittel hinzugefügt, um die Haltbarkeit des Öls zu verlängern. Oft werden sie zusätzlich noch raffiniert. Bei der Raffination werden unerwünschte Verbindungen wie Säuren, Wachse oder Farbstoffe aus dem Öl entfernt. Dies kann durch Verfahren wie Entschleimung, Entwachsung oder Bleichung erreicht werden. Das Ergebnis ist ein gut haltbares und geschmacksneutrales pflanzliches Öl. Der Nachteil ist, dass die enthaltenen Fettsäuren geschädigt wurden und uns krankmachen können. Unbehandelte pflanzliche Öle enthalten zwar noch die hochwertigen Fettsäuren, die aber beim Backen durch die Hitze zerstört werden und im Kuchen wiederum gesundheitsschädlich für uns sind. Meine Lösung für Ölkuchen ist daher das Olivenöl. Es ist hitzebeständiger und besser lagerungsfähig als andere pflanzliche Öle und muss dafür nicht wie oben beschrieben behandelt werden. Eine gute Alternative ist auch das Kokosöl.

Flaumiger Ölkuchen mit Früchten

Portionen: 1 Kuchen
Zubereitungszeit: 15 Minuten
Backzeit: 30–40 Minuten

Zutaten:

- 6 Eier
- 150 g Zucker
- 1 Prise Salz
- 1 Msp. Vanille
- 200 g Dinkelvollkornmehl
- 100 g Buchweizenmehl
- 1 TL Backpulver
- 125 ml Olivenöl
- 125 ml Kombucha
- 200 g frische oder gefrorene Früchte (Kirschen, Zwetschken, Marillen, Beeren …)

ANMERKUNG

Seit einem Besuch bei einem Olivenöl-Museum in Kroatien achte ich beim Kauf meines Olivenöls neben der Güteklasse auch auf die Herkunft. Diese spielt für mich seither eine größere Rolle als eine Biozertifizierung beim Olivenöl. In südlichen Ländern ist die Biozertifizierung nicht gut etabliert und es ist für kleine Bauern mit sehr hochwertigem Öl oft schwierig, diese zu bekommen. Andererseits erhält man von etablierten Handels-Bio-Marken in Österreich und Deutschland oft einen Öl-Mix aus besserem und schlechterem Olivenöl von verschiedenen Zulieferern, der eine mindere Qualität aufweist. Den regionalen Bauern wird dabei oft ein sehr geringer Preis bezahlt.

TIPP

Achte beim Kauf deines Olivenöls auf eine gute Qualität. Es gibt verschiedene Güteklassen, die aufgrund ihrer chemischen Eigenschaften und sensorischen Merkmale festgelegt werden. Die höchste Güteklassenstufe ist „Natives Olivenöl Extra“. Es hat einen Säuregehalt von höchstens 0,8 % und eine sehr gute sensorische Bewertung.

Zubereitung:

Backrohr auf 180 °C vorheizen. Eine Kuchenform mit Olivenöl ausfetten oder ein Backblech mit Backpapier belegen. Eier mit Zucker, Salz und Vanille 7–8 Minuten weißgelb-schaumig mixen. Öl, Kombucha, Mehle und Backpulver mit einem Schneebesen vorsichtig unter die aufgeschlagenen Eier rühren. Die Masse in die vorbereitete Kuchenform füllen oder auf das mit Backpapier ausgelegte Backblech geben, glatt streichen und 10–15 Minuten vorbacken. Erst dann die Früchte auf dem Kuchen verteilen, damit diese an der Oberfläche bleiben und nicht auf den Boden sinken. Den Kuchen 15–25 Minuten fertig backen und auskühlen lassen.

Variante:

Ölkuchen ist ein Basisrezept mit vielen Möglichkeiten. Backe den Kuchen am Blech ohne Früchte und gib eine Joghurt-Topfen-Masse darüber oder verteile aufgeschlagenes Obers mit Eierlikör darauf. Du kannst auch etwas dunkles Kakaopulver unter die Masse rühren für eine dunkle Masse mit Schokogeschmack.

Rhabarber-Streusel-Kuchen mit Salzlimetten

Portionen: 1 Kuchen
Zubereitungszeit: 30 Minuten
Kühlzeit: 2 Stunden
Backzeit: 60 Minuten

Zutaten:

Für den Belag

- 500 g Rhabarber
- 1 TL Zimt
- 1 EL Zucker
- 1 Schuss saurer Kombucha

Für den Rührteig

- 100 g weiche Butter
- 60 g Zucker
- 1 Msp. Vanillepulver
- 1 Prise Salz
- 2 Eier
- 120 g Vollkorndinkelmehl
- ½ TL Backpulver

Für die Creme

- 250 g Topfen
- 200 g Schlagobers
- 40 g Stärke
- 20 g Zucker
- 1 EL Salzlimetten-Paste (siehe Seite 46 Salzzitronen-Paste)
- 1 Msp. Vanillepulver

Für die Streusel

- 100 g kalte Butter
- 40 g Zucker
- 150 g Vollkorndinkelmehl

ANMERKUNG

Für die Salzlimettenpaste folge der Anleitung auf Seite 46 und ersetze die Zitronen durch Limetten. Die Limetten und die Säure des Kombuchas harmonieren sehr gut mit dem Rhabarber. Es können aber auch Salzzitronen verwendet werden.

Zubereitung:

Für den Belag

Rhabarber schälen, klein schneiden und mit Zimt, Zucker und saurem Kombucha vermischen.

Für den Rührteig

Eine rechteckige Form (ca. 20 x 24 cm) oder runde Form (ca. 24 cm) einfetten oder mit Backpapier auslegen. Den Backofen auf 180 °C vorheizen. Butter mit Zucker, Vanillepulver und Salz cremig rühren. Eier nacheinander einrühren. Mehl mit Backpulver vermischen, kurz in den Teig einrühren und den Teig in der vorbereiteten Form glatt streichen. Die Schüssel nicht abwaschen und gleich weiter für die Creme und die Streusel benutzen.

Für die Creme

Alle Zutaten für die Creme verrühren und auf dem noch nicht gebackenen Teig glatt streichen. Rhabarberstücke darauf verteilen.

Für die Streusel

Butter, Zucker, Mehl und die Kombucha-Zucker-Zimt-Mischung vom Rhabarber in der Schüssel zu Streusel verrühren und über den Rhabarber zupfen. Bei Bedarf kann noch mehr Mehl unter die Streusel gerührt werden. Den Kuchen für 60 Minuten backen und vor dem Servieren mindestens 2 Stunden abkühlen lassen.

Variante:

Der Kuchen schmeckt auch mit anderen Früchten oder Beeren der Saison sehr gut.

ANMERKUNG

Ich verwende in meinen Kuchen-Rezepten immer wieder auch normalen Haushaltszucker, da er manchmal für die richtige Kuchenkonsistenz notwendig ist, ich ihn vorrätig habe und er im Vergleich zu anderen Süßungsmitteln kostengünstiger ist. In meinen Rezepten halte ich die Zuckermenge jedoch bereits sehr gering und habe sie im Vergleich zu Standardrezepten meist halbiert. Wer sich intensiv mit dem Thema Zucker auseinandersetzt, wird erkennen, dass es keine gesunde Zuckeralternative gibt. Trockenfrüchte sind das natürlichste Süßungsmittel, aber auch bei ihnen gilt: Die Menge macht das Gift. Wichtig ist, den richtigen Umgang mit Zucker und anderen Süßungsmitteln zu lernen und die eigene Balance zu finden. Dabei hilft es nicht, den Zucker durch andere Süßungsmittel (auch Trockenfrüchte) zu ersetzen und die Zuckermenge unverändert zu lassen. Meiner Meinung nach ist es besser, Zucker in verschiedensten Formen in Maßen zu genießen und im Alltag regelmäßig bewusste Zuckerpausen einzulegen.

Karottenkuchen mit Salzzitronen und Kombucha-Cashew-Frosting

Laktosefrei

Portionen: 1 Kuchen
Zubereitungszeit: 30 Minuten
Einweichzeit: 4 Stunden
Backzeit: 40 Minuten

Zutaten:

Für den Kuchen

- 100 g Mandeln
- 300 g Karotten
- 4 Eier
- 120 g Zucker
- 1 TL Zimt
- 125 ml Olivenöl
- 125 ml Kombucha
- 1 TL Salzzitronen-Paste (siehe Seite 46)
- 200 g Dinkelvollkornmehl
- 1 TL Backpulver

Für das Frosting

- 100 g Cashews
- 100 g Kombucha
- 5 Datteln
- 2 TL Salzzitronen-Paste (siehe Seite 46)
- 50 g fermentiertes Karottenkraut

ERFAHRUNG

Die Säure aus fermentierten Lebensmitteln hilft sehr gut dabei, Zucker im Alltag zu reduzieren und Zuckerpausen einzulegen. Wenn das Verlangen nach Zucker kommt oder ich mit dem Süßen nicht stoppen kann, trinke ich gerne ein Glas Kombucha.

Zubereitung:

Für den Kuchen

Backrohr auf 180 °C vorheizen. Eine Tortenform mit Olivenöl ausfetten oder mit Backpapier belegen. Mandeln fein reiben. Karotten fein raspeln. Eier mit Zucker und Zimt 7–8 Minuten schaumig mixen. Öl, Kombucha und Salzzitronen-Paste vermischen und mit Hilfe eines Schneebesens vorsichtig unter die aufgeschlagenen Eier rühren. Anschließend Mehl, Backpulver, geriebene Mandeln und geraspelte Karotten unterheben. Die Masse in die vorbereitete Tortenform füllen, glatt streichen und ca. 40 Minuten backen. Den Kuchen auskühlen lassen.

Für das Frosting

Cashews mit Kombucha in ein Glas geben und ca. 4 Stunden durchziehen lassen. Anschließend mit den Datteln und Salzzitronen-Paste cremig mixen. Die Torte mit dem Frosting bestreichen und mit fermentiertem Karottenkraut dekorieren.

Armins Apfeltarte mit Shoyu-Karamell-Sauce

Portionen: 1 Tarte
Zubereitungszeit: 60 Minuten
Kühlzeit Mürbteig: 30 Minuten
Blind-Backzeit: 15 Minuten
Kochzeit Äpfel: 5 Minuten
Backzeit Tarte: 35 Minuten

Zutaten:

Für den Mürbteig

- 300 g Mehl
- 200 g kalte Butter
- 100 g Puderzucker
- 1 Ei

Für die Fülle

- 50 ml Wasser
- 250 g Zucker
- 50 ml Shoyu
- 200 ml Schlagobers
- 1 kg Äpfel
- 1 Schuss Kombucha

Zubereitung:

Für den Mürbteig

Kalte Butter mit Mehl, Puderzucker und Ei schnell zu einem Teig verarbeiten und zugedeckt für 30 Minuten in den Kühlschrank geben.

Für die Fülle

Wasser mit Zucker in einen Topf geben und unter Rühren zum Kochen bringen, damit der Zucker gleichmäßig schmilzt und karamellisiert. Sobald der Zucker hellbraun ist, die Shoyu und das Schlagobers hinzufügen, Hitze reduzieren und weiterrühren, bis die Masse etwas eingedickt ist. Die Masse soll dabei nicht anbrennen. Die Shoyu-Karamell-Sauce bis zur weiteren Verwendung abkühlen lassen.

Eine Tarte-Form ausfetten. Das Backrohr auf 180 °C vorheizen. Den Teig aus der Kühlung nehmen und 80 % davon mit einem Teigroller und Mehl rund ausrollen, sodass die Tarte-Form damit ausgelegt werden kann. Mit Hilfe des Teigrollers den ausgerollten Teig auf die Tarte-Form heben und diese mit den Händen an die Form kleben. Ränder abschneiden und zu dem übrig gebliebenen Teig geben. Den Teigboden mit einer Gabel mehrmals einstechen und für 15 Minuten blind vorbacken. Zum Blind-Vorbacken wird ein Backpapier auf den Teig gelegt und die Tarte mit trockenen Hülsenfrüchten beschwert, damit sich der Boden beim Vorbacken nicht hebt.

In der Zwischenzeit die Äpfel in dünne Scheiben schneiden, mit Kombucha vermischen, damit sie nicht braun werden und eine gute Säure bekommen, und in einem Topf kurz dämpfen. Die Äpfel auf dem vorgebackenen Tarte-Boden verteilen, 50 % der Shoyu-Karamell-Sauce über die Äpfel gießen. Die restliche Sauce kann zur Tarte serviert werden.

Die Teigreste als Streusel über der Tarte verteilen oder in Gitter-Form darüber ausarbeiten und mit einer Mischung aus Ei und Milch bestreichen. Die Tarte für ca. 35 Minuten bei 180 °C backen und genießen.

TIPP

Eine Schicht Apfelmus unter den Äpfeln verbindet den Teig mit den Äpfeln gut und sorgt für eine sehr cremige Füllung. Für eine erfrischend säuerliche Note kann etwas Salzzitronen-Paste (siehe Seite 46) unter das Apfelmus gemischt oder ein fermentiertes Apfelmus (siehe Seite 84) verwendet werden.

ANMERKUNG

Shoyu ist eine traditionelle japanische Sojasauce, die aus Sojabohnen, Weizen, Salz und Wasser hergestellt wird. Die Zutaten werden gemischt und fermentiert, um eine tiefbraune, salzige Sauce zu produzieren, die in der japanischen Küche als Würzmittel und Geschmacksverstärker verwendet wird. Shoyu ist eine der am häufigsten verwendeten Sojasaucen in Japan und wird auch international in vielen asiatischen Gerichten verwendet. Es gibt verschiedene Arten von Shoyu, wie z.B. Koikuchi Shoyu, Usukuchi Shoyu und Tamari Shoyu, die sich in Geschmack und Konsistenz unterscheiden können.

Wenn du wissen möchtest, wie man Shoyu und andere fermentierte Würzmittel wie Miso selber herstellt, empfehle ich dir einen Workshop bei Armin von der Kräutlerküche. Seine Workshops findest du unter www.kraeutlerkueche.com.

Ein paar Worte zum Abschluss

Wenn ich dich mit diesem Buch dazu motivieren konnte zu fermentieren, deine wertvollen Fermente in deiner alltäglichen Küche zu verwenden und täglich zu essen, würde ich mich sehr freuen. Die Rezepte in diesem Buch dienen vor allem als Inspiration und Anregung. Werde selber kreativ und entwickle deine Lieblingsrezepte, die dir guttun und jeden Tag Freude bereiten.

Ich freue mich auch über Rückmeldungen zum Buch. Wie gefällt es dir? Hat es dich dazu motiviert mehr zu fermentieren oder mit dem Fermentieren zu beginnen? Hast du vielleicht neue Kochgewohnheiten entwickelt, die dir den Alltag erleichtern und Freude bringen? Was sind deine Lieblingsrezepte und welche Erfahrungen hast du bereits gemacht mit fermentierten Lebensmitteln als Zutaten in deinen Rezepten?

Und wer weiß, vielleicht sehen wir uns ja mal bei einem Workshop, auf einem Markt oder auf einer Messe und wir können uns persönlich austauschen. Aktuelle Infos zu mir und meinen Terminen für Workshops, Märkte und Messen findest du auf meiner Homepage unter *www.fermentista.at*.

Ich wünsche dir viel Freude beim Fermentieren, Nachkochen, Selber-kreativ-Sein und Experimentieren.

Deine Andrea

Fermentista
ANDREA

Platz für Notizen

freya

EIN WEITERES BUCH DER AUTORIN ANDREA BIERWOLF

Andrea Bierwolf

Fermentista

Du brauchst nur Zeit und Liebe

... und gute Mikroben! Nicht die Menschen haben die Fermentation erfunden, sondern die Fermentation die Menschen. Das Fermentieren von Lebensmitteln ist eine uralte Methode der Haltbarmachung mit Mikroorganismen. Während der Lagerung werden Vitalstoffe vermehrt. Sie brauchen dafür kein Plastik, keine Energie zur Kühlung, keine langen Transportwege um den Globus.

Mit übersichtlichen Anleitungen in Form von Zeitachsen zu sechs Fermenten: Gemüse, Kombucha, Essig, Kefir, Joghurt und Brot. Rezeptideen für die köstlich-knackige Weiterverwendung dieser Fermente sorgen dafür, dass die liebevoll hergestellten Fermente nicht im Keller *versauern*, sondern nachhaltige und genussvolle Freude in den Alltag bringen.

ISBN 978-3-99025-508-7